궤적

현대수필가100인선 II · 65

궤적

최영애 수필선

수필과비평사 · 좋은수필사

■책머리에

　수필은 누구나 부담 없이 읽고, 마음만 먹으면 직접 쓸 수도 있는 가장 친근한 문학이다. 다른 영역의 문학이 영상매체에 밀려 신음하고 있는 중에도 수필 인구만은 날로 증가하여 바야흐로 수필 전성시대를 구가하고 있는 이유도 거기에 있을 것이다.

　시대적 추세에 힘입어 수많은 수필전문지, 수필동인지가 창간되고, 이에 비례하여 신진 수필가도 날로 늘어나다 보니 이제는 그 많은 작가, 그 많은 작품 중에서 문학성 높은 작품을 가려 읽는 일이 쉽지 않게 되었다. 이런 현상은 작가에게나 독자에게나 결코 바람직한 일이 아니다. 더 나아가서는 수필을 연구하는 후세들에게도 큰 부담이 될 것이다.

　이런 문제를 해결하는 데는 출판인도 마땅히 한몫을 감당해야 한다는 평소의 소신에 따라, 본사가 기꺼이 그 역할을 맡기로 했다. 그 첫 번째 사업으로 시대를 대표할 만한 수필가 100인을 선정하고, 작가가 자선한 40편 내외의 작품을 수록한 문고본을 발간하여 이를 널리 보급함으로써 그 소임을 다하고자 한다.

　본사는 사명감을 가지고 이 사업을 추진해 나가기로 했다. 작가 선정을 전담할 편집위원회를 구성하고 전권을 위임하여 일체의 사적인 정실이나 청탁을 배제함으로써 전문성과 공정성을 확보해 나갈 것이다.

　따라서 이 기획물 속에는 작가의 문학정신뿐만 아니라, 본사의 문학사적 기여 의지와 편집위원 제위의 수필문학에 대한 애정과 문인으로서의 양심이 함께 담겨 있음을 자부한다. 다만, 작가를 선정하는 기준에는 많은 견해의 차이가 있을 수 있고, 선정 과정에서도 미처 챙기지 못한 부분이 있을 것이라는 사실만은 인정하지 않을 수 없다. 이 점에 대해서는 관계자 여러분의 양해 있으시기 바란다.

 이 시리즈의 발간 순서는 작가, 또는 본사의 사정에 의한 것일 뿐 그 밖의 어떤 기준도 적용하지 않았음을 밝힌다.

 본 기획물이 시대를 초월한 많은 수필 애호가들의 관심과 애정 속에 우리나라 수필문학 발전에 한 이정표가 되기를 바랄 뿐이다.

 본사에서는 이상과 같은 취지로 『현대수필가 100인선』 전 100권을 완간하여 큰 반향을 불러일으킨 바 있다.

 그러나 우리 수필문단의 규모나 수필문학의 수준에 비추어 선정 작가를 100인으로 한정하는 것은 형평성이나 효율성 면에서 크게 부족하다는 의견이 많았고, 본사 또한 이를 통감하던 터라 기꺼이 『현대수필가 100인선Ⅱ』를 발간하기로 했다.

 본사의 충정에 찬동하여 출판에 응해주신 저자 여러분에게 감사한다.

2014년 9월

수필과비평·좋은수필 발행인 서정환
현대수필가 100인선 간행 편집위원 박재식　최병호
정진권　강호형
오세윤

| 차례 |

1_부 오월의 숲길에서

붉은 녹 • 12
무수천 • 17
궤적 • 22
두 발로 하는 기도 • 27
나만의 케렌시아 • 31
어항 속의 무지개 • 35
버튼을 누르다 • 38
애완견 유치원 반장 선거 • 43
공짜 • 48
오월의 숲길에서 • 53

2_부 그림 속의 남포등

11월의 노랑나비 • 62
즐거운 헛꿈 • 67
그림 속의 남포등 • 72
녹 • 77
양념 • 81
봄비 • 86
살림꾼 • 91
어제 오늘 그리고 내일 또 • 96
용눈이오름 • 101
몸빼바지 • 106

3_부 하얀 그림, 하얀 그리움

청색 머플러 • 112
그립고 그립고 그립다 • 117
옷장 속 칸나 • 121
하얀 그림, 하얀 그리움 • 126
아귀 • 131
어디서 무엇이 되어 다시 만나랴 • 136
무면허 삼대 • 140
도다리를 추억하다 • 144
멈춰버린 손목시계 • 149
화가의 아내 • 154

4_부 아들과 걷는 길

여인, 노을을 읽다 • 160
엄마 전용 요리사 • 165
빨강 힐을 신고 • 169
큰아버지 꽃밭 • 174
마네킹 • 179
오월, 꽃눈 펑펑 휘날리고 • 184
울음이 배어 있는 집 • 189
여름날의 회상 • 194
부네치아에 가다 • 199
아들과 걷는 길 • 204

■ 작가연보 • 209

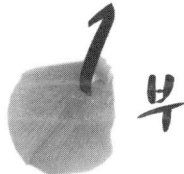

1부

붉은 녹
무수천
궤적
두 발로 하는 기도
나만의 케렌시아
어항 속의 무지개
버튼을 누르다
애완견 유치원 반장 선거
공짜
오월의 숲길에서

붉은 녹

 정원에 벌거벗은 사내가 서 있다. 오가는 많은 사람과 무언의 소통을 하고 있다. 무심한 듯 보이기도 하고 상실감에 빠져 있거나 무력감에 압도된 모습이기도 하다. 여름이면 따가운 햇살에 그을리고, 세차게 쏟아지는 비를 맞으며 벌건 녹을 재촉했을 테고, 겨울에는 맨몸으로 모진 칼바람과 흰 눈을 견디며 거친 세상과 맞섰을 것이다. 이 모든 것을 견뎌내면 묵묵히 서 있는 무쇠들 온전할 리가 있겠는가. 거칠어진 전신이 붉다 못해 검붉어졌다.
 옷을 벗은 원시인 그대로다. 미술관 정원 한가운데 2미터 큰 키의 남자 조각상이 서 있다. 세계적인 영국 조각가 안토니 곰리의 남성 나체 조각상이다. 먼 곳으로 향한 눈길과 아래로 뻗어 있는 손끝은 유난히 힘을 주고 있다. 언제라도 출발할

자세다. 현실을 살아가며 지쳐버린 누군가의 가장이나 아버지가 다시 일어서라는 말을 담은 듯하다. 명상과 수행하는 자세로 자연에 몸을 맡긴 구도자처럼, 때로는 외로우면서 의연한 인간의 모습으로 미술관 정원 앞길을 오가는 사람들의 시선을 끌며 도시의 관찰자로 서 있다.

 옷을 벗은 맨몸이 온통 불덩이처럼 탄다. 차마 그의 몸 가까이 다가설 수가 없다. 열정이 그의 몸에서 이글거린다. 예술 작품을 감상하려는 것뿐이건만 가까이 서 있는 내 얼굴이 화끈거린다. 정원에 설치된 조각들은 국내외 유명 작가들의 이름을 달고 있다. 그중에 하필이면 벌거벗고 실물처럼 서 있는 남자 조각 작품을 요리조리 훑어보는 여자를 어떻게 보겠는가. 미술관 앞길을 오가는 사람들의 시선에 예민해지면서 조금은 민망스럽다. 내가 곰리의 작품을 온전히 이해하기 힘들지만 세계에서 인정을 받는 예술세계를 알아보려는데 목적이 있다. 시선에서 당당해지기로 마음을 정한다.

 곰리는 웅크리거나 선 자신의 몸으로 독특하게 작품을 만들었다. 벌거벗은 몸에 석고를 바르고 굳을 때까지 틀 속에서 근육의 경직과 폐쇄공포증 등 육체적 고통을 견뎌냈다. 육신을 비워 낸 틀에 쇳물을 부어 주물을 뜬다. 굳어진 주물을 깎아 입체 형상을 만든다. 작가는 몸과 마음의 수련을 거친 후 예술 작품을 완성시켰다. 영혼을 통해 직관적으로 느낄 수 있는 존재에 대한 성찰까지 느껴진다. 그는 자신의 몸이 예술의 소재이자 완성이 되었다. 동양철학과 불교의 근본 교리인 인연의 이치를 작품에 그대로 담아냈다고 한다. 자신이 머물렀던 텅 빈 바디 케이스는 인체 조각이 되어 대자연과 도심 속에서 사람들의 영혼을 채워주고 있다. 현대에 쇠는 여러 가지 용도로 사용된다. 또는 오래전부터 신뢰와 강인함의 상징으로 쓰였다. 강철 같은 의지, 강철 같은 심장이라 표현하고 건장한 남자의 근육 진 팔다리를 무쇠 팔 무쇠 다리라 말을 한다. 첫 쇳물이 생산된 이후 반세기 동안 제철 산업으로 흑자를 유지하고 있는 포스코 설립자 박태준 회장도 '철강 왕'이라는 호칭을 얻었다.

하지만 금속도 산화되고 녹이 슬면 본래의 성질을 잃게 된다. 강도가 약해져 쉽게 부스러져 속절없이 무너진다. 철을 위협하는 붉은 재앙이 녹이다. 녹슨 것은 의미도 좋지 않은 물체로서 이래저래 난감하다. 결국 현대를 살아내는 누군가에게는 다시 돌아갈 수 없는 삶이기에 더 쓸쓸해진다.

붉은 녹이 슨 조각상을 보니 생각이 난다. 몇 년 전에 내후강판을 사용하여 새로운 건축공법을 시도한 여자 건축사를 알게 되었다. 건물 외벽에 부착한 강판에 공기나 빗물이 접촉하면 산화작용으로 표면에 녹이 슬게 된다. 일정하게 슨 녹은 건축 강판의 보호막이 되어 철의 부식을 방지하면서 더 강하고 단단하게 한다는 설명을 들었다. 그녀가 내후강판으로 건축했다는 건물을 찾아가 보았다. 건물 외벽에 슬어 있는 붉은 녹은 독특한 색감을 드러내었다. 어느 예술가도 어떤 페인트 색으로도 만들어 낼 수 없는 신비스러운 색채였다. 건축사가 내후강판에 붉은 녹을 피워 완성한 건물이 그저 신기하기만 했다. 건물은 거대하고 멋진 그녀만의 조형 예술 작품으로 보였다.

 그날 새롭게 다가오는 녹의 의미에 감동했다. 부정적인 이미지로 여겨왔던 내 생각이 바뀌게 되었다. 내가 지금 유독 녹슨 곰리의 인체 조각상을 낯설어하지 않고 유심히 살펴보며 관심을 가지게 되는 계기가 되었다. 내후강판에 슨 녹은 산화되어 사라지는 것이 아니었다. 철을 보호하고 더 단단하게 하는 것임을 알게 되었다.

 오랫동안 나의 삶과 같이했던 싱거미싱이 있다. 필요로 했던 시절에는 관심 어린 손길로 늘 반질하게 닦아 광택이 났다. 기름칠만 해도 부드럽게 달달 돌아가면 주인이 원하는 옷을 만들었다. 세월이 지나 미싱이 멈추는 시기가 왔다. 긴 시간이 지나도록 사용하지 않으니 윤기를 잃은 채 붉은 녹이 슬어 골동품이 되었다. 인생도 사물도 세월 앞에 끼어드는 녹을 어쩌지 못한다. 그런 미싱이 지금은 화실에서 아들의 그림 정물 소재가 되어 또 다른 가치 있는 역할을 하고 있다. 디자인과 가위질로 미싱을 돌려 멋진 옷을 만들었던 나 역시 일선에서 물러나니 한갓지다 못해 무기력해졌다. 쇠에 슨 녹과 인생의 녹이 뭐가 다르랴 싶다.

 사람에게 녹이란 삭아드는 것을 의미한다. 이음새 한 곳에도 녹이 슬면 헐거워지고 잘 돌지 않게 된다. 그렇듯이 일상에 낀 녹은 마음의 문을 닫을 수 있다. 가슴에 녹이 슬고, 영혼에 녹이 슬면 늙어가는 것이 아닌가. 이렇게 부정적인 녹일지라도 내후강판에 슨 녹처럼 고통을 견뎌내고 살아내면 생의 의미가 더욱 단단해지리라 본다.

미술관 정원에 녹슨 사내를 바라보고 섰다. 작가의 마음이 머물고 있는 장소에 그의 성찰을 담은 조각이 대신 서 있다. 시간과 자연이 어우러져 작가의 아픔을 고스란히 담아냈을 때 예술 작품의 완성이 되는 것이다. 이글거렸던 수많은 기억이 온몸에 붉은 녹으로 슬어 있다. 묵묵히 서 있는 저 사내도 언젠가 한 번 큰소리로 울고 싶었을 게다. 잠깐의 여유로운 비상을 꿈꾸었는지도 모른다. 우리는 삶의 문턱에서 서성거리는 존재일지라도 한번은 다시 인내의 고통을 이겨내고 핏빛 같은 녹물을 머금으며 일어선다.

열정의 녹이 조각 작품 완성이었다.

무수천

한 해의 마무리가 얼마 남지 않았다. 올해를 살아내며 고비마다 토해낸 신음들이 용암처럼 분출한다. 늘어난 근심을 견뎌내려면 숨 고르기가 필요하다. 먼 산티아고가 아니어도 대자연이 만들어낸 독특한 제주 올레길이면 족하다. 제주 올레길은 남겨진 생의 순례길이라 여겨진다. 내게 주어진 조건에 알맞은 곳이라서 더욱 좋다.

우거진 숲길 올레 17코스에 들어선다. 청아한 새소리가 멀리서 들려오고 바람이 울창한 숲을 흔들고 지나간다. 갈잎들은 다시 돌아올 바람이기에 애가 타지 않는 눈치다. 아늑한 숲길에 내려앉은 햇살을 따라 벼랑길에 다가서니 신비한 계곡이 모습을 드러낸다. 깊은 계곡은 존재를 세상에 쉬 드러내지 않으려는 듯 울창한 숲으로 몸을 가리고 있다. 변해가는 세상과는 동떨어져 억겁의 세월을 홀로 견뎌내고 있다. 인간이 사는 세상에도 이런 곳이 있었나 싶다. 그랬다. 낯선 길에 서면 늘 설레게 된다. 오늘 선택한 이 길은 어떤 풍광을 펼쳐내어 감동을 줄까 마음을 졸이던 터다. 넋을 놓고 묵묵히 바라본다.

복잡한 인간사 근심을 없애준다는 '무수천無愁川', 얼마나 아름답고 한적하면 평생 달고 있는 이름일까. 근심이 한순간 사라진다 할까. 나 자신도 눈과 마음이 온통 넋을 놓고 정신없이 풍광에 빠져든다. 깎아지른 절벽과 침엽수와 활엽수가 서로 어울려 고고한 장관을 이루고 있다. 판상절리, 주상절리의 기암이 어우러진 천혜의 비경에 세상 어떤 미사여구도 충분하지 않을 것 같다. 할 수만 있다면 밤낮 무수천이 주는 의미에 백 번도 더 고개를 끄덕이겠다.

한라산 정상에 기원起源을 둔 계곡을 올려다본다. 천천히 고개를 돌려 계곡의 끝 가는 곳을 내려다본다. 마치 용이 승천하면서 훑고 지나간 듯 계곡이 꿈틀꿈틀 남아 있다. 용암들이 거칠게 흘러 한라산을 헤집어 놓은 계곡이어서 펼쳐지는 벼랑은 기이하고 험하다. 바람이 만들었을까. 물살이 깎아놓았을까. 해골바위, 병풍바위, 대문 형체, 동물 형상의 거대한 바위들이 푸른 아열대숲과 조화를 이루고 있다. 화산이 뿜어낸 붉은 용암들이 난폭하게 폭행하는 동안 산이 세차게 저항했던 시간이 고스란히 남은 흔적들이다. 천지를 진동하며 쏟아내었던 붉은 용암들의 우레 같은 함성이 들리는 듯하다. 쳐다보고 내려다볼수록 신비감에 경탄과 탄식이 절로 나온다.

계곡은 건천이다. 비가 내릴 때만 잠깐 아름다운 폭포를 만들기는 한다. 물이 흐르지 않는다 하여 없을 무, 물 수, 무수천無水川이라고도 한다. 지하로 내려간 물은 다시 솟아 작은 소를 채운다. 그 이름 덕분인가. 에메랄드빛 깊은 소들이 계곡에 신비를 더한다. 저 물빛으로 물들고 싶다. 물이 들면 내 삶도 좀 괜찮은 생으로 살아질까. 얼마나 깎아내는 모진 고통을 견뎌야 천상의 마음으로 설 수 있을까. 모든 것은 고통 후에 주어지는 것. 세월이 만들어낸 덕분에 무수천은 신비롭고 아름답다.

신의 걸작이다. 인간이 범접할 수 없는 곳에 전시장을 만들어 놓았다. 아름다운 풍경화로, 이해 못 할 구상과 추상으로 미술전을 펼쳐냈다. 눈으로 마주하고도 믿어지지 않는 경이로움. 말은 잊히고 생각은 망각된다. 깊은 협곡 사이에 드는 햇빛에서조차 태곳적 신비가 고스란히 느껴진다. 머릿속이 맑아지고 발끝까지 청량감이 밀려온다. 일순간에 천년의 자연에 빨려 들어온 듯 억겁의 세월이 내 몸 안에 담긴다.

미술사학자 해밀턴은 '화산은 인류가 목격할 수 있는 가장 난폭한 폭행'이라 했다. 신은 붉은 불덩이를 하늘에 뿜어 지옥의 진수를 보여준다. 인간에게 자연의 위용 앞에 무릎을 꿇으라고 호통친다. 지금도 한계 없는 신의 분노가 지구 곳곳에서 폭발하고 있다. 무뢰한 인간을 각성시키려는 행사를 게을리하지 않는 듯하다.

무수천. 죽어야만 갈 수 있다는 천국이 이럴까. 순수한 성찰로 풍경을 마주하니 떠날 때 두고 온 곳곳의 시간들이 보인다. 살아온 속세의 삶이 너무 요란했다. 때로는 견디기 어려운 만큼 가혹했다. 해야 할 속말도 아직까지 가슴에 품은 채다. 이별의 상처도 묻어두어 더욱 아프기만 하다. 얼마의 시간이 흘러야 이것들이 삭혀질까. 얼마를 더 살아내면 무수천처럼 고요하고 담담해질까. 내 뜻대로, 내 마음대로 살 수 있는 곳은 어디에 있을까. 어디선가 위로의 소리가 들린다. "괜찮아. 괜찮을 거야." 먼저 떠난 그리운 이의 다독임이 무수천 바람에 실려 들려온다. 혼자 살기 힘든 세상, 다 살아낸 후에는 소란스러우면 이곳으로 오라는 듯하다. 맑디맑은 모습으로 남은 생을 살라고 다독이는 바람이 다시 인다.

세월의 더께와 깊이가 느껴지는 풍광에 녹아든다. 마음이 경건해진다. 아직 포기해야 될 것이 많고 내려놓아야 할 것도 적지 않다. 버린다고 여기면 고통스럽다. 고통스러워야 될 이유를 버리면 조금은 가벼워진다. 집 떠나는 건 멀어지는 게 아니라 자연 속에 숨은 그리운 이에게 가까이 가는 길. 떠나오길 잘했다. 털어버리자. 가벼워지자.

한순간 천국을 보았다. 잠깐 꾼 꿈처럼. 아름다운 무수천은 긴 세월 동안 치솟던 용암들이 울부짖었던 기억을 잊은 듯, 고요하다. 누구든 살아있는 날까지 남은 길을 걸어야 한다. 조랑말의 상징인 간세와 화살표, 올레 리본이 이끌어주는 표를 따라 걷는다. 마음에 채웠던 생각의 무게가 얼마였기에 비워내고 나니 이렇게 가벼울까. 천근같은 발걸음이 이젠 날개처럼 가볍다.

　아픔도 그리움도 없어지는 것은 아니다. 한라산 용암이 난폭하게 흘러내린 흔적도 남아 있다. 다만 천년만년 바람이 흐르면서 무수천을 비경을 만들었다. 모질게 살아왔던 삶들도 그렇게 흘려보내고 나면 조금은 아름답게 보일 것이다. 지난 길을 잘 걸어왔듯이 올해도 잘 살아내었고 걸어 내고 싶다.

　올레길 끝자락에 섰다. 한 덩어리 붉은 태양이 서쪽 바닷속으로 장엄하게 투신을 하고 있다. 나의 하루도 시간의 끝쪽으로 가라앉는다. 세속 풍랑에 흔들리는 날에는 다시 오고 싶다. 무수천 계곡으로.

궤적

 화가의 집에는 민달팽이도 그림을 그린다. 그림을 좀 아는 사람이 보았다면 그런 농담을 했을지도 모른다. 어떤 색감도 없다. 오로지 선으로만 그어놓았다. 그렇다고 해도 단조로움은 없다. 베란다에 쪼그리고 앉아 희한하고 얄궂게 그어진 벽을 한참 동안 바라보았다.
 그것은 민달팽이가 물렁물렁한 몸을 끌고 갈팡질팡 살아낸 생의 길이었음을 깨달았다. 가파른 높이를 버겁게 올랐던 선이 보인다. 어쩔 수 없어 기어가야 했던 구불구불하게 휘어진 길도, 더 이상 나갈 수 없는 벼랑 끝자락도 보인다. 잃어버린 길에서 다시 길을 찾느라 얼마나 헤맸을까. 연한 갈색 페인트로 밑칠 된 벽에 온몸을 쥐어짜 밀고 다녔던 끈끈한 점액이 허옇게 말라붙었다. 민달팽이의 고달팠던 삶의 길이 이리저리 뻗어 헝클어지고 꼬여 있다. 거침없이 과감하게 살아낸 흔적이다.

별 욕심 없이 살아가는 이대로 족했다. 그런 내가 유일하게 갖고 싶은 한 가지가 있다면 그것은 두 식구가 먹을 만큼의 푸성귀를 심을 작은 텃밭이었다. 지인들이 소유한 땅에 채소 농사를 짓는 이야기를 할 때면 늘 부러웠다. 마침 텔레비전에서 아파트 베란다에 채소 키우는 과정을 방송했다. 무료하던 터라 한번 도전해보면 가능할 것도 같았다.

빈 상자와 넓은 화분에 흙을 채우고 상추와 토마토, 파, 가지, 오이 모종을 사서 심었다. 자라는 과정을 보려고 시도 때도 없이 베란다에서 보내는 시간이 늘어갔다. 마음을 써야 하니 시간 때우기도 좋았다. 열악한 환경에서 여린 모종이 쭉쭉 잘 자라니 기특하고 대견하다.

처음에는 실패도 있었다. 층이 높은 아파트 베란다에서 채소를 키우기엔 조건이 맞을 리가 없다. 풍성한 포기로 키우려 했던 상추는 웃자라 힘없이 널브러졌다. 넉넉한 풋고추를 기대했건만 꽃은 피웠으나 열매는 달지 못했다. 몇 번의 실패를 거듭하고서야 요령도 생기고 채소마다 키우는 방법도 다름을 터득해 갔다. 베란다 문을 열어 자연 바람을 쐬어주고 적당한 물을 주며 알맞게 거름도 주었다. 정성 들인 실내 텃밭에는 초록 깻잎이 무성하고 실한 고추가 주렁주렁 달렸다. 방울토마토도 조롱조롱 빨갛게 익어간다. 적은 결실이지만 수확하는 기쁨은 뿌듯하고 넉넉하다.

그런 텃밭에 이상한 기미가 보였다. 고춧잎에 구멍이 늘어나기 시작했다. 급기야는 새싹이 올라오는 순까지 잘라먹었다. 아무리 살펴봐도 벌레 한 마리 보이질 않는다. 이제는 깻잎까지 수난을 당하기 시작한다. 베란다 곳곳을 뒤지고 살펴보지만 범인은 찾을 수 없다. 밤새 남은 잎을 먹어 치우고 줄기만 앙상할지도 모른다. 그동안 얼마나 애지중지 기른 채소인데 망쳐놓은 텃밭을 보니 괘씸하고 울화가 치민다. 가늠해보니 녀석들은 밤에만 행동하는 야행성이 분명했다. 내 이놈들을 기필코 잡아 대역죄를 물어 능지처참하리라.

밤 열한 시쯤이다. 플래시를 들고 베란다 고추나무를 비춰보다 깜짝 놀랐다. 길쭉한 민달팽이가 고춧잎마다 붙어 느긋하게 배를 채우고 있다. 또 다른 녀석들은 줄기를 타기도 하고 흙바닥에서 저들의 놀이터인 양 여기저기 기어 다닌다. 앙큼하기 짝이 없는 녀석들을 나무젓가락으로 한 마리씩 집어 창밖 숲으로 던져 버렸다. 다 잡았다 싶어 거실에 앉았다가 혹시나 해서 나가면 또 몇 마리가 나타났다. 몇 번을 들락거리며 서른여 마리는 족히 잡은 것 같다. 이후로 밤마다 끝없이 출현하는 달팽이 소탕 작전에 몰입했다. 드디어 치열하게 벌였던 전쟁은 통쾌하게 나의 승리로 끝난 셈이다.

다시 흙을 고르고 열무 씨를 뿌렸다. 오종종히 떡잎이 났다. 민달팽이가 망쳤던 농사를 보상받는 듯 뿌듯하다. 모종을 바라보다 언뜻 고무나무 화분 뒤 벽이 달라 보였다. 화분을 반대쪽으로 옮겨봤다. 80호쯤 되는 베란다 벽에 그어놓은 선들이 예사롭지 않다. 간혹 갤러리에 전시된 그림을 관람할 때의 경험이 떠올랐다. 큐레이터 설명을 듣기 전에는 도대체 무엇을 표현했는지 작가의 의도가 무엇인지 도통 이해가 불가능한 그림들을 숱하게 보아온 터다. 만약 어느 화가가 이처럼 표현했다면 예술 작품으로는 그리 손색이 없을 듯하다.

그림은 자유분방하다. 민달팽이도 화가의 집이라는 것을 알고 있었을까. 창틈으로 행여 아들의 그림을 훔쳐보았을까. 텃밭의 푸릇한 채소 잎이 뻗어 있는 듯하고, 줄기가 어수선하게 엉클어진 작은 풀숲이 느껴진다.

넓은 들 풍성한 채소밭에서 자유롭고 넉넉하게 배를 채워야 했다. 어쩌다 그들은 협소한 베란다 텃밭에서 빈곤하고 기구한 삶을 살게 되었을까. 밤이면 온몸을 밀어 벼랑길인 벽을 타고 이곳 채소밭으로 향했을 것이다. 낮이면 화초에 감쪽같이 몸을 숨겨야 했던 불안은 오죽했을까. 민달팽이에게는 멀고도 험한 고난의 길이었지 싶다. 먹고살자고 잎을 갉아 먹었던 일이 대역 죄인이 되어 내쳐진 가엾은 신세가 되었다. 나는 민달팽이가 사력을 다해 살아냈던 흔적을 보며 굳이 예술로 빗대며 호들갑을 떨었나 싶다. 변명해 보지만 불편한 마음은 오랫동안 애잔하고 목에 걸린 가시처럼 마뜩잖다. 누군가의 숨 가빴던 삶도 다르지는 않았을 텐데.

쭉 뻗은 길에서는 쉬지 않고 달렸다. 버거운 오름길은 포기할 수 없었다. 험한 계곡과 거친 돌밭길도, 길의 끝 벼랑에 서기도, 엉뚱한 길에서 헤매기도 했다. 숨이 턱까지 차는 먼 길을 걸어내느라 온몸이 만신창이가 되어 아팠다. 끝난 길에서 무언가를 놓친 듯 후회는 또 얼마나 했던가. 모질게 걸어냈던 그 길도 가끔은 되돌아보게 된다. 누구나 지나간 일에는 그리 자유롭지 않을 테다. 그래도 내색하지 않고 당당하게 살아냈던 젊었던 그때의 내가 그리워진다.

이제 남은 길은 얼마일까. 그 길은 유유하고 잔잔하며 부드럽고 편안한 길이기를 소원해본다. 만약 그런 길이 주어진다면 그것은 지난 세월이 주는 축복받은 선물이라 여겨도 되겠다.

베란다 벽에 그어놓은 선들은 의도한 것도 어떤 모방도 아닌, 오직 민달팽이의 고단했던 삶의 궤적軌跡이었음을.

두 발로 하는 기도

 길을 걷다 가야 할 방향을 잃은 적이 있다. 순간 많이 당황했었다. 근래에는 흙길이 아닌 글 길을 잃어버리곤 한다. 생각들이 번잡해지니 떠올려 글자로 표현하기가 곤혹스럽고 답답하다. 페인트로 밑칠 된 벽에 온몸을 쥐어 제 길을 찾지 못하고 갈팡질팡한다. 썼다가는 지우고 더듬거리고 헤매며 허우적거린다. 전신에 퍼져오는 나른함까지 더한다. 아직도 내 글눈이 밝지 못한 큰 탓이리라.

 글 길을 찾아 바람길을 걷는다. 곶자왈 숲을 뚫고 빗금으로 쏟아지는 햇살을 맞는다. 육신이 소독되어 정화되는 기분이다. 바람은 내 안에 얼룩까지 말끔하게 씻어주며 아픔까지 치유해주는 명의라 여긴다. 종종 걸었던 바람길이 아니었다면 온몸이 앓아눕고 싶었던 날들을 어떻게 견뎌 냈을까. 채워왔던 무게들이 비워지고 가벼워지니 무뎌진 감성들이 녹아 흘러내릴 것 같다.

태풍이 많은 길목이다. 가장 흔하게 보이는 것이 돌담이다. 가만히 살펴보면 사람들은 빈틈없이 담을 쌓아 바람길을 막은 것이 아니었다. 돌담에 막혀 길을 잃은 바람의 저항을 잘 안다. 그러기에 제주 사람들은 절대 바람과 맞짱 뜨지 않는다. 검은 돌로 허술하게 얼기설기 쌓은 사이사이로 바람이 쪼개지며 빠져나간다. 돌담에 길을 내어 바람의 자유를 준다. 더불어 살아내는 지혜다. 많이 보고 듣고 생각들을 쌓아둔다고 다 글이 되는 것은 아니었다. 슬슬 다독이고 풀어내어 글의 방향을 잡아 자연스럽게 글 길을 찾아낼 일이다.

파도를 일으키는 바람결이 거세다. 해안에 줄지어 선 바람개비가 장관이다. 망망대해로부터 불어오는 바람을 안고 거대한 날개가 쉴 새 없이 돌아간다. 파란 하늘과 경계를 허문 푸른 바다 한가운데 새하얀 해상풍력발전기가 독특한 풍광을 보여준다. 돌아가는 소리도 웅장하다. 간혹 텔레비전 여행 프로그램에서 보았던 이국적인 풍경이다. 지금 내가 먼 나라에 서 있는 듯하다. 한참 넋을 잃고 바라본다. 적잖은 나이에도 가슴이 뛴다. 힘차게 돌아가는 풍력발전기를 바라보니 내 어린 시절 만들어 놀았던 바람개비가 떠오른다. 아련해진 마음 길을 서성인다.

오늘처럼 바람이 드세게 부는 날이다. 색종이를 접어 가운데 심을 마른 수수깡에 꽂아 바람개비를 완성한다. 추운 줄도 모르고 동생과 바람을 마주하고 달리면 색종이 바람개비가 제 빛깔을 완성하며 씽씽 돌아간다. 숨이 차면 멈춰서도 센바람에 쉬지 않고 잘도 돌았다.

어릴 적부터 유난히 손재주가 좋았다. 동생을 위해서라면 뭐든지 만들어 주고 싶었다. 남자아이들이 좋아하는 팽이나 여러 종류의 연과 딱지, 고무줄 새총도 만들었다. 돌이켜보니 동생과 놀았던 그때가 가장 행복했던 내 어린 한때였지 싶다.

지나온 것은 무엇 하나 영원한 것이 없다. 활발하게 살아내던 동생의 시간이 한순간 멈춰버렸다. 가만히 서 있어도 불어오는 바람을 타고 색종이 바람개비는 잘도 돌아갔건만 몰아치는 세상 바람에 많이도 부대꼈나 보다. 잘 돌아가던 동생의 바람개비는 다시는 돌지 않았다. 안타까웠던 마음도 흘러가는 세월에 조금씩 묻어가나 보다. 이제는 그 모습도 점점 아슴해지고 흐려져 갈 뿐이다.

누구라도 좋고 편안한 길만 걸을 수 없다는 것을 안다. 고비마다 힘들었던 날들도, 행복했던 순간들도 없지는 않았다. 삶의 기억을 되살려 보려 하지만 이제는 생각조차 부식되고 닳아져 가는 듯하다. 그러나 영원히 지우고 싶은 지독했던 기억들만 생생하게 떠올라 회한을 만든다.

길이 조금씩 익숙해져 간다. 그동안 자연을 누리며 꿈속처럼 흘려 살았지 싶다. 간혹 아무도 손대지 않은 태초의 길에

나 혼자 서 있다는 느낌이 들기도 했다. 다시는 오지 않을 가버린 것들은 늘 아쉽다. 그러면서도 또다시 다가올 시간은 불안하고 초조하다. 그래도 몸을 곧추세우며 오늘을 걷고 또 걷는다.

바람이 잦은 길이다. '걷다가 울다가 서러워서 웃는다'는 어린 소녀 가수 태연 양이 불렀던 '바람길'이다. 감성을 이끌어 시청자들을 내내 감동으로 끌고 가던 노래다. 지금 바람의 길을 걷는 내게 노랫말과 리듬이 마치 나를 위해 불러주는 노래처럼 느껴진다. 한때는 절절한 노래들이 어쩌면 모두 나를 대변하는 노래처럼 젖어 들기도 했다. 그런 때가 있었다.

늦가을. 아직은 살을 엘 듯한 바람은 아니다. 하지만 온몸으로 맞으며 험한 돌길을 걷기란 여간 힘들지 않다. 글 길을 찾아 걸어 낸 길도 막바지에 이르렀다. 풍력발전기가 돌아가는 풍경으로 오래된 기억을 떠올렸으니 힘들게 걸어낸 목적을 이루어 낸 기분이다. 눈과 마음에 담긴 풍경들은 숙성되고 삭혀져 시간의 흐름이 잔잔해지는 날 느낌으로 다가올 것이다.

오늘 바람길에서 글 길을 찾아 두 발로 하는 간절한 기도를 끝낸다.

나만의 케렌시아

 첼로 연주 선율이 내 시선을 텔레비전 화면으로 이끈다. 연주자의 손에 쥔 활이 우아하게 줄을 긋는다. 울림통에서 흘러나오는 소리가 잔잔하고 감미롭다. '바람이 분다'는 여자 가수의 감성적인 보이스를 담아 불렀던 노래다. 노래로는 익숙했지만 첼로 연주는 낯설다. 특히 바람이 부는 바닷가를 배경으로 연주한 탓일까. 부드러운 선율이 가을을 부르는 듯 내 귓가에 젖어 든다.

 태어난 곳이 바닷가라서 그럴까. 바다는 멋지게 촬영된 영상을 보거나, 잘 찍은 사진을 볼 때나, 생각을 떠올리는 것으로도 좋다. 바닷가에 서면 밀려오는 파도는 마음에 채워진 온갖 잔상들을 모래를 훑고 지나가듯 다 쓸어 밀고 간다. 바다를 만나면 마음이 편안하고 위로를 받고 다시 내일을 살아낼 힘을 얻는다.

얼마 전 지인으로부터 건네받은 책을 읽었다. '스페인 투우장 한쪽에는 소가 안전하다고 느끼는 구역이 있다고 한다. 투우사와 싸우다 지친 소는 자신이 정한 곳에서 숨을 고르고 힘을 모아 기운을 되찾는다. 그곳에 있는 동안 소는 어떤 두려움도 느끼지 않는다고 한다. 소만이 아는 그 장소를 '케렌시아'라고 한다.' 즉 피난처, 안식처라는 뜻이라고 할 수 있다.

살다 보면 삶에 크고 작은 고난의 파도는 밀려오기 마련이다. 누구라도 육신이 고달프고 삶이 힘든 시기가 있다. 예측할 수 없는 일들이 일어나기도 한다. 가장 소중했던 것이 상실되고 실패하는 일도 생겨난다. 심장이 무너지는 듯한 비껴갈 수 없는 운명이라 여겨지는 일들도 마주하게 된다. 마음의 리듬을 잃지 않으려고 용을 써보지만 아직도 불편하게 하는 감정들이 불쑥불쑥 차오른다. 나른하고 갑갑한 일상이 지속되면 잠시 숨 고르기가 필요하다.

종종 길을 걸었다. 자유는 과거와의 결별에서 온다 했다. 새는 날아가면서 절대 뒤돌아보지 않는다는데 나는 허구한 날 걸어도 늘 왔던 길을 돌아보게 된다. 과거를 내려놓고 현재를 붙잡는 것이 지혜로운 삶일진대, 지난 세월이 너무 아파서, 아니면 못다 한 아쉬움이 있어, 아마도 사랑했던 사람들이 거기에 있기 때문일 게다. 그런 이유로 마음은 자꾸 지나온 길에서 서성이고 있다. 뒤돌아본다고 해서 그곳에는 내가 원하고 바라는 것은 아무것도 없다. 다만 헛헛하고 공허만 가득할 뿐이다. 그냥 돌아서서 남은 길을 걸어가면 될 것을.

비껴드는 햇살이 살찌운 울창한 초록 숲, 누가 가꾸지 않아도 제멋대로 피어난 길가의 해맑은 꽃들, 어디를 걸어도 옆으로 따라오는 푸른 바다가 있다. 그러고 보면 어느 길에서도 나 혼자는 아니었다. 많은 것들과 함께하는 길이다. 생각하면 모든 것을 잃은 것은 아니었다. 길 위에 서면 다시는 만날 수 없는 인연들을 떠올리면 그래도 행복했던 순간들이 있었기에 추억으로 남아 있다. 그곳을 찾아가면 혼자가 아니라는 생각에 절대로 외로울 수가 없는 이유다.

낯선 길에서 낯선 풍경들이 나를 걷게 한다. 경이로움에 휩싸여 다른 세상 한가운데 있는 듯하다. 먼 길을 걸어 내는 동안 죽을 만큼 힘들어도 완주했을 때의 뿌듯함도 얻는다. 막힌 숨이 트이고 다시 생의 에너지가 생겨난다. 평생 시리고 아플 것 같았던 마음의 상처도 아물어지고 서서히 새살이 돋아난다. 달고 왔던 세상 근심이 어느새 간 곳이 없어진다. 그래서 내가 살아 있음을 느낀다. 그곳을 찾아가면 언제나 활기찬 내가 서 있는 것이다.

바람에 떠밀려 걷잡을 수 없는 마음의 풍향계가 향하는 곳이다. 걷는 동안 남은 길을 걸어 내야 할 방향을 잡고 삶의 의욕을 얻게 된다. 온전히 나를 위해 찾아가는 곳, 눈부시게 하는 이 모든 것들이 나를 그곳으로 향하게 한다. 지친 소가 잠시 안전한 곳에서 숨을 고르듯 어쩌면 나의 삶이나 소의 생이 한 치도 다르지 않다.

이제 첼로 연주도 끝으로 가는가 보다. 아쉬움에서일까. 어느새 내 목소리가 선율을 타고 있다.

> 나의 이별은 잘 가라는 인사도 없이 치러진다
> 세상은 어제와 같고 시간은 흐르고 있고
> 나만 혼자 이렇게 달라져 있다
> 내게는 천금 같았던 추억이 담겨져 있던
> 머리 위로 바람이 분다
> 눈물이 흐른다
> – 이소라의 '바람이 분다' 가사 일부

첼로 활이 천천히 선을 그어 길게 내린다. 연주자의 시폰 드레스 자락이 바람을 타고 하늘을 향해 자유롭다. 이제 여름 기세도 힘을 잃었나 보다. 가을의 소리가 들리는 듯하다.

힘들고 지칠 때 자연이 펼쳐내는 길에서 마음이 한없는 평화를 얻는 곳. 내가 걸었고 앞으로도 걷고 싶은 곳. 잠시 숨 한번 고른 후 가벼워지고 편안해지는 내가 되는 곳이다. 그곳이 나만의 케렌시아인 것이다.

어항 속의 무지개

 뜰채를 손에 쥔 채 쪼그리고 앉아 어항에서 눈을 떼지 못한다. 벌써 세 시간이 지났다. 구피가 출산을 시작했다. 관상용 열대어인 구피는 모체에서 수정된 알이 태내에서 그대로 부화하여 새끼로 태어난다. 어류 치고 오색영롱한 화려한 색깔을 가졌다. 성질이 온순하여 키우기는 수월할뿐더러 다산의 능력을 자랑한다. 저출산 시대에 본받을 일인가 싶어 남매를 둔 나로서는 녀석이 은근히 부러울 때가 있다.
 결실의 가을에도 조락이 있듯, 우리 인간에게 주어진 생과 사도 그렇다. 행복하다고 느끼는 순간 주어진 시련은 가혹했다. 동반자를 잃은 상실감에 하루하루를 우울하게 보냈다. 이런 나를 안타깝게 바라보던 언니는 어느 날 구피를 키워보라며 떠안겼다. 구피는 나의 손길이 필요한 녀석들이다. 그날부터 구피와의 사귐이 시작되었다. 인터넷을 뒤져 키우는 법을 익혔다. 어항 앞에 턱을 괴고 앉아 있는 시간도 늘어갔다. 구피가 화려한 색깔의 지느러미로 유영하는 모습은 마치 무희가 무대에서 현란한 춤을 추는 듯했다. 무아지경에 빠져들면서 나도 모르는 사이에 상실의 외로움은 서서히 치유되어 가고 있었다.

물고기 세계에도 질서가 있다. 한 물고기만 줄기차게 쫓아다니며 사랑을 구하는 순정이 있다. 주체하지 못해 설쳐대는 젊음이 있는가 하면 둔해진 몸으로 무리에서 뒤처지는 외로움도 있다. 우리네 인생과 다를 바가 없다.

무릇 생명을 탄생시키는 산고의 고통은 물고기도 마찬가지다. 유리벽에다 머리를 부딪치기도 하고 꼬리를 심하게 흔들기도 한다. 첫 아이를 낳을 때 심한 통증으로 고통스러워하는 딸을 지켜보며 애간장을 태웠을 어머니가 생각난다. 구피는 한 번에 치어들을 스무 마리에서 서른 마리 남짓 낳는다. 산통은 예닐곱 시간쯤 걸린다. 그 많은 새끼를 낳고 나면 풍선같이 부풀었던 몸이 마른 멸치처럼 야위어버린다. 있는 기력을 소진하고 어항 바닥에 죽은 듯이 엎드려 있다. 안쓰러운 마음에 미역국이라도 끓여주고 싶은 심정이다.

내가 구피의 출산에 목을 빼고 기다리고 있는 데는 그만한 이유가 있다. 잠깐 한눈을 팔면 치어들이 죽임을 당하고 만다. 어미 꽁무니에서 새끼들이 고물고물 나오면 얼른 뜰채로 건져내 분리해주어야만 한다. 큰 놈들의 습격이 번개 스치듯 한다.

기다렸다는 듯이 치어들을 모조리 삼켜버린다. 그들만의 생존 법칙이라며 무관심하면 좋으련만 이를 두고 보지 못하는 내 성미다. 내 손놀림에 따라 수십 마리의 생명이 오락가락하니 어항에서 눈을 뗄 수가 없는 것이다. 구피를 보면서 겉모습이 아름답다고 막연히 좋아할 일이 아니다. 간혹 신문이나 TV에서 보기도 한다. 자기가 낳은 생명을 해했다는 보도를 가끔 접하고 그 비정함에 몸서리치기도 했다.

치어들의 재롱에 넋을 놓고 있다. 몇 개월 전 태어난 예쁜 손녀를 보는 듯, 구피 사랑에 어항 앞을 떠나지 못한다. 우리네 부모들도 자식을 기를 때는 그랬다. 하루의 고단함도 자식들의 재롱에 힘든 줄 몰랐다. 가진 재산이 없어 느지막이 허접스러운 대우를 받아도 부모는 자식의 얼굴에서 무지개를 보고 싶어 한다. 나 역시 그렇다. 대물림되어진 아들의 그림 재능이 아름다운 색채와 창의적인 선으로 승화되기를 바라는 것이 자식을 사랑하는 어미의 마음이다. 서로를 아끼는 애틋한 마음, 그 마음이 싫증나지 않고 은은히 비치는 천륜의 색이다.

다른 구피들의 배가 점점 불러오고 있다. 산고의 아우성이 금방이라도 터질 듯하다. 뜰채를 손에 든 나는 구피 출산 도우미가 되어 어항 안을 주시한다.

버튼을 누르다

 낯선 길이다. 산길을 걷고 다리를 건너 험한 돌길과 거친 비탈길을 걸었다. 건널목에 서서 초록 신호를 기다렸다. 한참을 기다렸건만 빨간불은 쉬 바뀌지 않는다. 처음에는 신호기 작동을 느슨하게 조작했다고 여겼다. 마음으로는 십여 분이 훨씬 지난 것처럼 길게 느껴진다. 인내심을 발휘하며 한참을 더 기다렸건만 빨간불 신호등은 여전하다. 애가 타면서 슬슬 조바심이 밀려온다.
 아무도 없는 한적한 곳이다. 양심을 잠깐 접어두고 자동차가 뜸한 사이에는 교통법규를 슬쩍 위반해도 될 것 같다. 그렇게 한다 해도 날카롭게 바라보는 시선이 없는 곳이니 그리 민망스러울 것도 없지 싶다. 차가 없을 때 잽싸게 뛰어 건너기로 작정했다. 그런데 막 차도로 뛰어들려던 순간 등 뒤에서 옷깃을 잡아챈 것처럼 발길이 멈칫한다.

"에구, 바른 정正자 최여사의 이력에 흠집 낼 짓은 아니지."

만류하는 아들의 목소리가 환청이 되어 귓전을 스친다. 만사에 자로 재는 듯한 아들이라 순간 마음이 켕긴다. 그랬다. 여태까지 기다렸는데, 위법이야 할 수 없지. 조급한 마음을 진정시키고 더 기다려 보기로 한다.

때에 따라 자신만의 기준으로 살아가는 이들이 있다. 적당히 타협하면 세상을 쉽게 살아간다. 바뀌지 않는 신호등만 멍하게 바라보고 서 있는 융통성 없는 내가 한편으로 참 한심스럽다. 이렇게 산다 한들 세상살이 뭐 달라진 것도 없다. 만사에 소심하니 나만 힘들고 불편할 뿐이다. 그러니 삶에 별수가 있었을 리 만무하다. 늘품성 없이 어디서나 어떤 자리에서라도 있는 듯 없는 듯 그럭저럭 살아왔을 수밖에. 신호등을 바라보면서 별생각을 다 한다.

잠깐 이어지는 노란불은 청신호가 켜짐을 알려줄 것이다. 나는 촉각을 곤두세우고 온통 신호등에 집중한다. 그러나 빨간 불빛은 변하지 않는다. 무던하게 기다리던 인내심도 한계를 뛰어넘으려 한다. 슬슬 부아가 치민다. 이럴 수는 없다. 틀림없이 신호등에 문제가 생긴 게다. 이제야 깨닫게 되는 이 아둔함.

신고하기로 마음먹었다. 외진 곳이라 그런지 오늘따라 건너야 할 사람은 한 사람도 나타나지 않는다. 그러니 같이 의논해서 해결할 상대도 없다. 고장을 신고하는 연락처를 찾아보려 혹시나 하고 신호등 기둥으로 다가갔다. 이럴 수가. 큰 소리로 그만 허탈한 웃음을 터트리고 말았다. 아마도 이런 나를 누군가 보았다면 실신한 여자로 여겼지 싶다. '빨간 버튼을 누르면 신호가 바뀝니다'라는 안내 문구가 신호등 기둥에 떡하니 부착되어 있다. '보행자 작동신호기'는 보행자가 적은 외지고 굴곡진 국도나 교차로에 안전한 교통상황을 만들기 위해 설치해 놓은 장치다. 횡단보도 대기자가 보행자 버튼을 스스로 눌러 신호를 요청할 수가 있다.

본 적도 경험한 적도 없는 신호기다. 빨간 버튼을 누르면 신호등은 초록 불로 바뀌고, 달리던 차들은 정지선에서 멈추게 된다. 그때 보행자는 안전하게 건널목을 건널 수 있다. 제법 오래전부터 있었던 것 같다. 왕래하는 사람이 한적한 건널목에 신호장치가 설치되어 있다는 것을 나는 여태껏 알 턱이 없었다. 더 빨리 판단했더라면 초록 신호를 기다리며 조바심으로 속 태우지 않았을 것을. 세상살이에 예민했던 내가 언제부터 이렇게 무뎌졌을까. 가야 할 길은 너무 먼데, 도착해서 해야 할 일은 기다리고 있는데, 한 걸음이라도 빨리 걸어가야 하는 처지가 아닌가. 건널목에서 발이 묶여 아까운 시간을 낭비한 셈이다.

세상살이도 막힘없이 시원하게 뻥 뚫려 있다면 참 살 만하겠다. 편안하고 안전한 삶이 어디 있을까. 살다 보면 예기치 않은 불행이 닥쳐올 때가 있다. 그것을 막는 방법은 없다. 인생길에도 필요할 때마다 마음대로 작동시킬 수 있는 버튼이 있다면 살아낸 삶이 얼마나 편안했을까. 그랬다면 밀려오는 슬픔도, 치받는 울화도, 고달픈 육신도, 이별의 아픔까지도 모두 버튼을 눌러 정지시키면 된다. 건강과 사랑, 행복한 삶은 무조건 통과시킨다면 참 즐겁고도 신나 하며 재미있게 살아볼 만하겠다.

만사가 어설픈 나에게 몇 번이나 노란빛으로 경고 신호를 보냈다. 그 빛에 무심했었다. 이미 손에서 멀어지고 놓친 후에야 깨닫게 되는, 늘 그랬다. 바른 생을 살고자 했지만 살아낸 세월을 되짚어 보니 후회로 남는 일이 적지 않다. 서투르고 어리석고 부끄러웠던 일들이 수두룩 떠오른다. 녹색 신호등을 작동시키는 것처럼, 버튼 하나쯤 가졌다면 작동시켜 내게 일어나는 모든 나쁜 일들을 제어시킬 수 있었을 텐데.

손가락으로 빨간 버튼을 누르면 달리던 차들을 일제히 정지시킬 수 있다. 얼마나 위대한 일인가. 버튼을 누르기만 하면 복종하듯, 번지르르한 승용차도, 위압감을 주는 대형 트럭도, 덩치 큰 버스도 정지선에 멈추게 된다. 이렇게 신호등도 세상에 발맞춰 똑똑하게 진화하고 있다. 외지고 굴곡진 곳을 살펴 보행자를 지켜주고 자동차의 흐름을 방해받지 않게 한다. 안전한 교통상황을 만들기 위해 영리해진 시설이 등장한 것이다. 신호등을 접하는 새로운 문명 세계에 감탄한다. 교통안전공사가 오늘처럼 대단하게 느껴본 적은 없다. 지루하게 기다리면 다툼이 일던 마음도 어느새 잠잠하게 가라앉는다.

달리는 자동차에 명령하듯 보행자 버튼을 누른다. 바뀌지 않고 속만 태우던 신호등 빨간불이 노란불로 이어 초록불이 켜진다. 멈출 줄 모르고 얄밉게 쌩쌩 달리던 차들이 일제히 양쪽 정지선에 멈춰 선다. 자동차는 언감생심 초록 신호를 거역하지 못한다. 마치 통치자가 군대를 사열하듯, 그 한가운데 길을 당당하게 걸어간다. 멈춰 선 차들을 바라보니 기분이 통쾌하다. 경쾌한 리듬을 타는 것처럼 발걸음이 가볍다.

그래, 인생에 희로애락이 있어야 살 만한 세상인 게지. 내가 가는 길을 누가 불 밝혀 주겠는가. 다만 내가 만들어 갈 뿐이지. '운명을 쥐고 있는 것은 별들이 아니라 자신이다.'라고 대문호 셰익스피어가 한 말도 있지 않은가. 잠시 불편했던 감정이 초록빛 신호등에 녹아내린다. 건널목에서 멍청하게 서 있었던 내가, 헛헛한 웃음 한번 웃고 건널목을 건너간다.

바른 정正자 최여사가 활기찬 걸음으로 남은 길을 걸어간다.

애완견 유치원 반장 선거

두 해 전쯤이었나. 키우는 강아지의 사회성 교육을 위해 강남 최고 수준의 애완견 유치원에 보낸다는 지인 아들의 말을 들었다. 강아지 유치원이라는 말에 웃음이 터졌다. 그런데 오늘은 애완견 유치원 반장 선거가 있었다는 기사가 조간신문 실렸다.

경기도 어느 애견 유치원에서 강아지 반장 선거가 있었다. 견생 30마리 중 수업에 적극적인 네 마리 후보가 경쟁하게 되었다. 자격은 달리기 시합에서 이기거나 "기다려!"라고 했을 때 오래 버티고, 출석률이 높거나 다른 견생들과 사이좋게 지내는 강아지가 반장으로 선출되었다. 자식같이 귀하게 여기는 강아지가 반장으로 뽑혔으니 견주는 기분이 좋아 유치원에 개껌을 돌렸다고 한다. 퇴근한 아들에게 신문 기사를 들려줬다. 종일 혼자 삐쭉거리며 참았던 웃음으로 아들과 함께 호탕하게 웃었다.

저출산과 고령화로 반려견을 자식처럼 애지중지 여기는 가정의 수가 늘어난다. 실제로 아이들이 다니는 어린이집과 유치원은 점점 줄어들고 반려견 유치원은 상승세를 타는가 하며, 이로 인해 펫 사업이 발달하는 추세다. 애견 전문 기관에서는 애견 유치원 교사 양성, 전문 훈련사, 놀이 지도법, 미용 기술, 행동심리학 등을 교육해 배출한다. 강아지 호텔이 생겨나고 전용 카페와 놀이동산, 용품 판매점, 동물병원, 심지어 화장장까지 성업 중이다.

여러 분야에서 전문직으로 활동하는 영리한 견들이 있다. 마약 탐지견, 재해 구조견, 맹인 안내견, 군견, 추적견 등이다. 이대로 간다면 조만간 애견 대학도 생겨날 판이다. 그때는 학식이 풍부하고 교양 넘치는 대학 출신의 멋진 견들이 전공 분야에서 성실하게 직분을 다할지도 모른다.

나도 오랫동안 애완견을 키웠다. 애들이 용돈을 모아 무턱대고 사는 바람에 어쩔 수 없이 키웠던 하얀 몰티즈 쫑이다. 귀찮다고 생명이 있는 것을 내칠 수가 없었다. 정신없이 바빴던 내가 애완견 치다꺼리까지 떠맡은 셈이다. 무엇보다 예쁘기도 하고 온갖 귀여운 재롱에 푹 빠져 점점 정이 들어 애완견이 식구가 되었다.

당시 처지는 낮에는 온 가족이 집을 비워야 했다. 쫑이는 종일 홀로 빈집을 지켜냈다. 강아지 유치원이 있다 해도 빠듯한 형편으로는 원비가 엄청나 유치원에 보낼 엄두를 내지 못했을 것이다. 혼자 무료한 시간을 보내다 보니 스트레스가 쌓여서인지 못마땅하면 돌봐주는 주인 손을 사정없이 물어버렸다. 심지어 잘생긴 아들 코까지 물어 병원으로 달려갔던 적도 있다. 난폭하다고 내친다면 누가 성질머리 고약한 사나운 녀석을 돌봐주겠는가. 내가 조심하고 감수할 수밖에 없었다.

유치원에 보낸다 한들 원생들을 괴롭힐 것은 뻔하다. 요즘 인사청문회에서 아들 학폭이 문제가 되어 국회의원들의 공세에 곤혹을 치르는 장관 후보자처럼, 나 또한 훈육을 잘못시킨 탓으로 견주의 책임을 피할 수 없었을 것이다. 피해 견주 앞에 머리를 숙여 용서를 구하는 일이 잦았을 테고, 비싼 치료비까지 지불하는 경우도 빈번했지 싶다.

강아지 18년은 사람의 수명으로 치자면 이미 백 세를 훌쩍 넘긴 어르신이다. 인간도 세월이 더할수록 몸이 말하듯, 강아지 역시 온갖 질병으로 입원과 퇴원을 반복했다. 기력 회복으로 영양제를 맞기도 하며 복용하는 약 종류도 늘어갔다. 의료보험 혜택을 받을 수 없는 동물이니 엄청난 치료비가 들었다. 부모의 경제 사정을 알 리 없는 철없는 애들은 오직 강아지의 아픈 고통만 안타까워 울고불고 병원 가기를 채근했다. 나 역시 그저 바라보고만 있을 수는 없어 한밤중에 다급하게 응급실을 찾아가는 경우도 생겼다. 그런 일이 있었던 다음날 어느 모임 식사 자리에서다. 밤잠을 설쳤으니 노곤하고 연달아 하품을 해댔다. "어젯밤에 어르신이 위독하여 응급실에 다녀오느라 밤잠을 못 잤다"는 내 말에 모두가 한 마디씩 던진다.

"에구 우짜노? 어르신이 어디가 어떻게 아프신가요?"

"올해 연세가? 어르신 모시고 산다고 큰 욕 봅니더."

내 처지가 힘들고 딱하게 여긴 분들이 저마다 위로차 한마디씩 건넨다. 졸지에 시부모께 정성을 다하는 지극한 효부가 되었다. 결국 나이가 많이 든 애완견으로 밝혀져 모두 배를 잡고 쉽게 멈춰지지 않는 긴 웃음을 웃었다.

강아지 평균 수명보다 훨씬 오래 살았던 죵이의 생도 끝이 왔다. 화장을 진행하는 분이 강아지 몸을 깨끗이 닦고 최고급 삼베 수의를 입혀 관속에 뉘었다. 종교에 따라 제상을 차려 예를 올리고 또 다른 순서까지 진행한 다음에야 화장에 들어갔다. 장례 예식의 뻔한 상술인 줄은 알지만 죵이가 떠나는 마지막 길이라 최선을 다했다. 진행하는 분은 조화로 잘 치장해 놓은 납골당을 권했지만, 집으로 돌아와 아파트 숲에 뼛가루를 뿌렸다. 외출할 때나 돌아오는 길에 언제나 내 시선이 향하는 곳이다. 짐승도 영원한 이별은 견디기 힘들다. 한동안 빈자리가 허전하고 슬펐다. 어떤 경우라도 살아 있는 생명체는 기르지 말라고 아들딸에게 일러두었다. 내가 한 이 말은 자손 대대로 전할 것을 신신당부를 해 두었다.

'개 팔자가 상팔자다'라는 옛말이 지금 이 시대를 알려주는 예언 같다. 공원을 갈라치면 애완견을 아기 띠로 업고 다니거나, 귀엽고 예쁜 옷을 입혀 고급스러운 유모차에 태워 다닌다. 심지어 비싼 항공료를 지불하면서 여행길을 같이한다. 명품 의상에 검은 선글라스를 낀 멋쟁이 애완견을 제법 보았다. 개 팔자가 상팔자라 아니할 수가 없는 시대가 되었다.

  모든 개가 그렇게 호사를 누리는 것은 아니다. 누가 어떤 이유로 버렸는지. 간혹 차들이 질주하는 위험한 대로를 가로질러 가는 떠돌이견이나, 먹을 것을 찾아 시장바닥을 누비는 애완견도 있다. 쏟아지는 비를 맞은 후줄근한 개들을 흔하디흔하다. 애완견을 기른다는 것이 절대로 쉬운 일은 아니다. 귀엽고 예쁜 모습만 보고 무턱대고 입양했다가 냉정하게 내치는 가슴 아픈 경우를 더러 보았다. 입양이라면 끝까지 책임을 다할 수 있어야 한다는 경험자인 내 생각이다.

  반장을 뽑는 애완견 유치원 소식에, 예전에는 상상할 수 없었던 개판이 된 희한한 세상을 산다 싶어 그저 헛웃음이 난다.

공짜

 공짜라고 들렸다. 문인 선생님들과 어울려 막 점심 식사를 마쳤을 때다. 늘 하던 순서를 따라 카페에 들러 커피로 입가심하면서 수다도 떨 참이었다. 그런데 최선생이 공짜를 마시러 가잔다. 웬 공짜.

 간혹 식사 후에 커피나 식혜, 수정과 등의 음료수 서비스를 내어주는 식당이 있긴 하다. 하지만 점심을 먹고 밖으로 나왔으니 공짜 차를 마실 수 있는 구실이 사라졌다. 최선생의 말이 도무지 아리송하고 모르겠다. 그렇다면 대학생들이 붐비는 학교 주변 상가인지라 젊은 청춘들을 끌어들이려는 묘책을 세운 카페라도 있는가 아니면 고급스러운 케이크를 주문한다면 커피를 공짜로 마실 수 있는 특별한 카페가 생겼나 보다. 떠오르는 별별 생각들로 잠시 혼란스러웠다.

세상천지에 공짜는 없다는 말이 있다. 모든 것에는 지불해야 할 값이 있다. 작은 것이라도 그냥 얻어지는 것이 있을 때면 기분이 좋아지긴 하다. 공짜라면 양잿물도 많이 마신다는 우스갯말도 있고, 공짜로 빡빡머리를 깎아주던 시절에는 불결한 도구에 감염되어 탈모가 되었다는 시절도 있었다. 그래서 공짜 좋아하면 대머리가 된다는 말도 생겨났다. 권력층에서만 보더라도 그렇다. 근래에도 공짜가 뇌물이 되어 엄청난 파장을 불러 전국적인 망신을 당한 경우를 보고 있지 않은가.

무슨 일이든 앞서서 분명하게 행하는 최선생이다. 다시 물어보기도 그렇고 해서 카페를 향하는 조선생 뒤를 빠른 걸음으로 따랐다. 사람 수가 많아 다 공짜를 마실 수 없을 테니 추가 찻값은 내가 지불할 요량이었다. 급히 이층 계단으로 올랐다. 계산대 앞에서 차를 주문하며 조선생이 내게 물었다.

"선생님, 공차를 한번 마셔보실래요."

주문 차트를 바라보다 참을 수 없는 웃음이 푹 터졌다. 공짜가 아니고, 공차Gong cha였다. 어감을 잘못 해석해서 들었던 탓이다. 공짜라는 말에 혼자 정신적 에너지를 쏟으며 별생각을 다 했다.

기다리던 차가 나왔다. 낯설고 익숙하지 못한 차를 살짝 맛본다. 진하지 않은 녹차의 맛과 향으로 낯섦이 한결 덜하다. 옅은 갈색에 얼음이 잔뜩 들어 있어 여름에 마신다면 시원해서 제격이겠다. 찻잔을 살펴보는 나에게 최선생이 작은 호스 같은 대롱을 건네준다. 빨대로 젤을 끌어올려 먹어보란다. 그제야 컵 바닥에 깔린 검은 콩알 같은 알갱이가 보였다. 빨대를 타고 젤이 입안으로 후루룩 들어온다. 씹히는 쫀득함이 식감을 더한다. 쓴 커피 맛과는 완전히 다르다. 커피 맛에 길든 내가 묘한 공차 맛에 은근히 끌린다.

제법 오래전부터 젊은이들도 녹차를 즐길 수 있는 다양한 음료를 시도한 차라는 것을 이제야 알았다. 공차에 낯선 나와 달리 선생님들은 이 카페에서 종종 차담을 즐긴 모양인 듯하다. 신세계에 서툰 나를 더 신기해하는 선생님들이 공차의 내력까지 설명을 더 한다.

늘어나는 게 커피 매장과 카페다. 내 입맛은 어느 카페에 가더라도 변함없이 뜨거운 블랙커피만을 마신다. 어찌 보면 오래된 기호 같기도 하고 중독이라 해도 할 말이 없다. 그러나 공차를 공짜로 듣게 되는 민망스러운 사태를 면할 수 없다. 그래도 오랫동안 부산의 중심가에서 패션의 한 분야로 선도적인 삶도 살지 않았던가. 오늘의 나는 촌스러움의 극치였다.

공짜를 원치 않는 사람이 있을까. 삶이 팍팍해지면 자신도 모르게 공짜를 바란다. 세상에 노력 없이 얻어지는 것은 없다는 걸 뻔히 알면서도 노력에 비해 얻어지는 것이 적다고 불평한다. 허탈하고 공허를 느낀다. 공짜가 아니더라도 한순간 행운처럼 주어지기를 바라는 게 인지상정이다.

공짜란 좋을 때도 있지만 마음이 불편할 때도 있다. 간혹 여행을 할 때나 종종 미술관 관람을 할라치면 주민증만 제시하면 통과를 하게 된다. 그런 때는 그리 부담스럽지는 않았다. 대접받는다는 느낌도 들었다. 물론 기분도 좋았다.

어느새 나이가 들어 지하철을 공짜로 탈 수 있는 '지공카드'를 발급받았다. 대한민국 노친네라고 공인받은 셈이다. 주로 지하철을 이용하는 나로서는 공짜로 탑승한다는 것이 좋아할 일이지만, 한편으로 국가에 부담을 준다 싶어 괜히 미안했다. 자영업을 할 때 과한 세금을 부과한다고 불평을 하면서 꼬박꼬박 세금을 바치지 않았던가. 하지만 일선에서 물러난 지금은 어디 그런가. 하는 일 없이 공짜로 지하철을 이용하는 것이 멋쩍기도 했다. 착각은 자유라고, 아직도 마음은 청춘인데 늙음을 스스로 드러내는 것 같아 기분 좋은 일이 아니다. 이런저런 이유로 지공카드를 받고도 한참 표를 사서 탑승하기도 했다. 공짜로 타는 어르신들을 위하여 젊은이들이 더 많은 일을 해야 한다는 생각도 살짝 부담스럽다.

공짜를 좋아하다 곤란에 처한 경우도 더러 있었다. 대형 마트 식품 판매대 시식코너를 지날 때다. 식욕을 자극하는 냄새가 코끝을 자극한다. 식탐이 많은 나로서는 외면하기가 쉽지 않다. 맛만 보라는 말이지만 끌리는 입맛에 슬쩍 한두 번 더 집어 먹게 된다. 공짜로 시식한 후에 양체처럼 휙 돌아서려면 한 개라도 더 팔아 실적을 올려야 하는 직원의 간절한 눈빛을 외면하기 힘들다. 얼굴에 철판을 깔지 않은 한 내 양심으로는 차마 돌아설 수 없어 계획에 없던 식품을 구매하게 된다. 물고기가 미끼를 덥석 문 꼴이다. 이래서 세상에 공짜가 없다는 것이다.

젊은이들이 커피를 마시는 카페와 분위기가 다르다. 마음을 차분하게 가라앉게 하는 공차와 조용한 찻집 분위기가 낯설다. 공차를 즐겨하지 않은 탓에 새로운 차 문화를 경험할 기회가 없었다는 게 맞겠다.

느긋하게 공차를 즐기니 북적이는 마음이 가라앉는다. 오늘의 이 사실을 듣고 누군가는 말귀를 못 알아듣는다고 타박할지도 모른다. 절대로 착각하지 마시라. 내가 공차를 몰랐기에 생긴 하나의 에피소드일 뿐이다. 어쨌거나 찻값은 조선생이 지불했으니 나는 오늘은 공짜 공차를 마신 셈이다.

오월의 숲길에서

 울창한 숲에 찾아든 햇살이 해맑습니다. 따사로운 햇볕에 녹아내린 말간 초록 물이 금방이라도 내 혈관을 타고 흐를 것 같습니다. 한없이 처져 있던 몸과 마음에 기운이 솟고 생기가 돕니다. 남겨진 삶은 온통 밝고 찬란한 일들로 가득할 것 같습니다.
 사람이 제일 기분 좋을 때는 언제라고 생각합니까. 맛있는 음식을 먹을 때, 멋진 옷을 입었을 때, 사랑하는 이와 함께 있을 때, 하지만 지금의 나는 초록 잎을 볼 때가 가장 기분이 상쾌합니다. 제법 오랫동안 베란다에 꽃보다 초록 식물을 가꾸었지요. 즐거운 식집사의 느긋한 일상입니다. 자식 자랑 손자 자랑은 하지 않습니다. 오직 한 가지, 베란다 작은 숲만은 가까운 지인에게 대놓고 자랑한답니다.

아침에 눈을 뜨면 제일 먼저 베란다 식물들을 마주합니다. 호수로 뿌려준 물기 머금은 이파리가 막 떠오르는 햇살 받아 반질반질 윤기를 더합니다. 오래전 초록 잎만 보고자 심었던 비파나무가 몇 년째 노란 과실 몇 개씩을 달아주네요. 베란다 좁디좁은 화분에 뿌리를 내려 잎을 피워내기도 버거웠을 텐데, 열매까지 맺기가 그리 쉬운 일은 아닐 테지요. 작은 비파나무가 얼마나 많은 용을 썼을까요. 정말 고맙고 사랑스럽습니다. 하릴없이 공허하고 무료한 날에는 베란다 작은 숲에 쪼그리고 앉아 먼 곳 곶자왈 숲길을 걸었던 기억을 떠올려 봅니다. 다시 걸어야 할 남은 길들이 밀려옵니다.

틈이 날 때마다 떠나서 걸었던 제주 올레길입니다. 누군가는 쉽게 떠날 수 있었겠지만, 나는 오랫동안 꿈만 꾸었지요. 전쟁 같은 세월을 보낸 후에야 느지막이 내어본 큰 용기였습니다. 조금만 벗어나도 바다가 펼쳐지는 부산입니다. 하지만 제주 바다 물빛은 달랐습니다. 처음 걸었던 길에서 마주한 옥빛 바다색에 저절로 탄성을 쏟아내었지요. 무엇보다 척박한 돌밭에 제대로 내리지 못한 뿌리들이 바위를 껴안거나 서로 뒤엉켜 의지합니다. 다양한 나무들이 독특하고 기이한 곡선을 이루며 자라네요. 못난 나무가 산을 지킨다는 말이 맞습니다. 구불구불 못생긴 나무들이 어우러져 하나의 울창한 숲을 이루었습니다. 이웃들과 서로 얽히어 아옹다옹 살아가는 우리네와 다르지 않은 듯합니다.

바람은 쉴 틈 없이 빽빽한 숲을 흔듭니다. 바람이 스칠 때마다 초록 파도가 출렁입니다. 바람의 장난이 얄궂습니다. 언제까지라도 머무르고 싶어지는 청아한 오월의 숲이 그렇습니다. 혼탁한 도시를 벗어나 신록으로 창창한 숲속에 서면 달고 왔던 시름이 사라지고 마음이 가벼워져 고요해집니다. 순간마다 풍경을 바꾸는 바람이 있어 혼자라도 지루하거나 외로울 수가 없답니다. 마음이 울적했던 날도, 괜스레 온몸이 들뜬 날도 생각나는 곳입니다. 흘러내린 굳은 용암은 비바람과 파도가 수억 년을 담금질로 다듬어놓은 조형 작품들입니다. 자연은 참으로 오묘하고 위대합니다. 깎아 세운 벼랑이나 주상절리는 신이 만든 걸작이라 여겨집니다. 사람의 능력으로는 도저히 불가능하지요. 무연히 서서 바라볼 때면 성스럽기도 합니다. 감히 신의 영역을 침범한 것 같아 저절로 머리가 숙어집니다.

길을 걷는다는 것은 오로지 나를 비워 내는 일입니다. 굴곡진 능선 길을 걷습니다. 사방으로 펼쳐진 풍경을 바라볼 때면 무뎌진 감성이 되살아납니다. 내가 만약 시인이었다면 절절한 서정시 몇 편은 썼을 테지요. 여유가 있어 여행하는 것이 아니라 여행해서 여유가 생긴다는 말을 실감케 합니다. 내 능력만큼 올 수 있는 곳이지만 이 정도면 넉넉하고 족합니다. 살아낸 생을 샅샅이 살펴봅니다. 무엇에 이토록 오롯이 빠졌던 적이 있었나 싶네요. 제주 바람은 늘 새로운 길로 이끌어 빈 마음을 채워줍니다. 길에서 낯선 사람을 만나고 이야기를 듣습니다.

오월의 숲길에서

거친 파도가 사정없이 벼랑을 치받으며 온 바다에 하얀 물꽃 화원을 펼쳐냅니다. 파도가 피우는 물꽃에 내 눈길이 정신없이 빠져듭니다.

풍경만 보는 것은 아닙니다. 걷다 보면 간간이 물살에 깎여진 날카롭고 험한 벼랑 앞에 설 때가 있습니다. 급경사 가파른 계단 길을 오릅니다. 발목이 푹푹 빠지는 모래밭 길을, 중심을 잃어 낭패당할 수 있는 울퉁불퉁한 현무암 돌길도 걸어야 합니다. 그러나 민낯이 빛나는 순수한 대자연 속으로 들어설 때는 자연에 하나되어 풍광을 온 가슴으로 품어봅니다.

일선에서 벗어나고 싶었습니다. 오로지 가족을 위해서 세끼 밥상 차리고 빨래하고 청소하고 어린 자식을 챙기며 그저 평범한 주부의 삶을 원했을 때가 있었습니다. 그런 삶을 오긴 했지요. 모처럼 시간에 휘둘리지 않는 생활이 그렇게 편안할 수가 없었답니다. 그러나 느긋했던 생활에 젖어 들어 나태하고 게으르고 무기력하게 변해간다는 사실을 전혀 눈치채지 못했으니까요.

뭇 생명들이 일생 가장 활기를 띠는 초록이 흐르는 오월입니다. 문득 깨우치네요. 치열하게 살았다고 생각했건만, 되돌아보니 아무것도 보이질 않습니다. 영원하리라 철석같이 믿었던 것도 소중하다고 여겼던 것들도 잃어버리게 됩니다. 현실의 배신이라고 억울해했습니다. 마음이 자꾸만 헛헛하고 가뭇없습니다. 무료한 일상을 극복하려면 큰 용기가 필요했답니다. 온통 머릿속에 잡념을 채우는 무의미함보다 자연이 채워주는 섬 여행을 선택하려 했습니다. 오랫동안 가만히 떠올리기만 했던 곳입니다. 원하고 바랐더니 기회의 문이 열렸습니다.

옥빛 바닷길과 울울창창한 숲길, 숨이 턱까지 차오르는 가파른 오름도 올랐습니다. 눈길 가는 곳마다 예술 작품을 전시하는 갤러리가 됩니다. 길가에 풀꽃들이 지천입니다. 숲은 오염된 도시와는 달리 깨끗하고 청량하고 향긋합니다. 그래서 오월은 계절의 여왕으로, 또는 청춘의 계절이라고들 말하나 봅니다. 신록을 바라보니 푸른 시절을 한참 벗어난 세월임에도 아직 청춘이라 착각하게 됩니다. 마음을 복작이던 세상살이도 잊게 합니다.

사람의 손이 타지 않은 듯합니다. 거대한 대지의 힘으로 솟은 불덩이가 바다를 만났습니다. 섬 곳곳의 흔적들이 독특한 모습으로 서 있습니다. 설문대할망의 치마에서 흘린 흙이 뭉텅뭉텅 서 있는 오름이 되었다네요. 어머니의 봉긋한 젖가슴 같습니다. 작은 동산도 숨 가쁘게 올라서면 눈앞에 펼쳐진 푸른 들과 청록빛 바다가 끝이 없습니다. 마음이 시원하고 눈 호사를 누립니다. 발길 닿는 곳마다 그럴듯한 전설로 여행자에게는 독특한 추억을 만들어 주지요. 무엇 하나라도 의미 없는 것은 없습니다. 감동과 감탄을 자아내게 합니다.

빛나는 보석 같은 섬입니다. 투명한 바다가 태양 빛을 받으니 깊이에 따라 다양한 물색을 드러냅니다. 너무나 선명한 옥빛 바다색에 그만 시선을 빼앗깁니다. 저 영롱하고 귀한 색을 닮았으니 여심의 마음을 사로잡았나 봅니다. 색채에 예민한 나도 보석 같은 바다색을 정신없이 바라봅니다.

눈길 가는 곳마다 정이 가는 길입니다. 자연 그대로의 길에서 적잖은 나이에도 철부지가 됩니다. 숲이 주는 편안함은 내 생의 최고 선물입니다. 까마득한 바람의 시간을 헤아릴 수 없지만, 바람이 다듬어 놓은 곳에서는 바람도 숨을 죽입니다. 오월 속을 걸어가는 나는 한없이 자유롭습니다.

흔히들 청춘을 창창하고 싱싱한 오월의 신록에 비유합니다. 나에게도 풋풋하고 찬란했던 계절이 분명히 있었을 겁니다. 청춘의 고민도 했을 테지요. 꿈꾸었던 이상의 세계도, 행복한 순간들도 없지는 않았겠지만, 기억하고 싶지 않은 허탈하고 서러운 날들도 없지는 않았답니다. 올레길을 완주하는 동안 거칠고 힘들었던 고통은 어느새 지워진 듯합니다. 낯설고 서툰 길을 걷는 것은 우리네 삶의 희로애락과 똑 닮았습니다. 아름다운 길을 걸을 수 있다는 것은 느지막이 주어진 행운이었는지도 모릅니다.

초록이 무성한 오월이 좋습니다. 우거진 숲 사이로 흐르는 바람과, 계곡 물소리와, 새소리도 함께 합니다. 숲의 모든 소리가 화음을 이룹니다. 걸으면서 듣고 보았던 자연의 모든 것들은 언제까지나 음악처럼 흐르겠지요. 올 때마다 가슴이 두근대는 것은 지금 밋밋한 일상에서 옷매무새를 잊고 있었던 나의 모습을 만날 수 있어서가 아닐까 싶네요.

현무암 검은 돌담길을 돌아 굽이굽이 풍경에 취해 걷고 또 걸었습니다. 먼 길을 포기하지 않고 두 발로 걸어 냈던 올레길 완주였습니다. 무엇보다 해냈다는 성취감이 무기력했던 정신을 깨웁니다. 꾸미지 않은 청정한 자연처럼 남아 있는 내 삶도 그렇게 마무리했으면 합니다.

삶은 어쩌면 하나하나 소중해서 버릴 수가 없었던 서랍 속의 잡동사니들과 같습니다. 꿈과 사랑 추억, 이 모든 살아낸 흔적들은 너무나 소중했던 것들입니다. 이제는 무거운 생각들을 버리고 털어내고 비워내야겠습니다. 온통 내 심혼까지 빼앗겨 버린 오월의 숲길을 걷는 것보다 더 좋은 일이 어디 또 있을까 싶네요. 잎 털어낸 앙상한 가지만 남은 시린 나무를 바라봤던 겨울은 얼마나 삭막했던지요. 되돌아보면 살아낸 내 삶도 그랬을 것입니다. 이유 없이 화가 나다가 눈물을 쏟아내던 수많았던 날도, 초록 숲이 다독여 주니 이제는 울음을 그칩니다.

한라산이 제주도 중심에 우뚝 서서 온 바다를 호령하듯, 그 기운을 받아 기운차게 나를 세워봅니다. 무성하게 펼쳐내는 초록도 계절을 다하면 그 색을 잃어버리지요. 영원한 계절이 없듯 영원한 생도 없다는 것을 압니다. 청춘은 영원하지도 오월도 영원하지 않습니다. 찰나에 불과하지요. 소중했던 인연도 살아냈던 삶도 기억으로 남아 추억하게 되겠지요. 이제 지천으로 피어난 꽃들이 다가올 여름을 예고합니다. 감정이나 초록이나 점점 짙은 색을 더해 가겠지요.

숲의 생명력이 온몸을 휘감습니다. 바람도 풍경을 만드는 곳, 다시 오고 싶은 이 숲길에 마음이 머뭅니다. 그리움도 머뭅니다. 곧 무더운 유월이 올 테지요. 나도 오월의 무성한 숲을 벗어나 내 집, 나의 작은 숲으로 돌아갑니다.

삶이란 정해진 것은 없습니다. 이제 남겨진 생은 초록이 찬연한 숲길 같기를, 곱게 피는 화사한 꽃잎 같기를, 맑디맑게 흐르는 계곡물 같기를, 오월의 길에서 원해봅니다. 언제 뒤따라왔는지 베란다 풍경 속에 어둠이 출렁거립니다. 깜빡, 초록이 찬란한 오월의 숲길을 걸었던 날이었습니다.

2부

11월의 노랑나비
즐거운 헛꿈
그림 속의 남포등
녹
양념
봄비
살림꾼
어제 오늘 그리고 내일 또
용눈이오름
몸빼바지

11월의 노랑나비

 그곳에 내리는 비는 언제나 노랗다. 비 맞은 가로수 은행잎이 찻길 인도에 차가운 바람에 쓸려 다닌다. 환자가 위급하니 빨리 오라는 병원의 연락 듣고 달려올 때 눈에 띈 풍경이다. 지금도 생생히 기억하는 것은 떨어진 은행잎이 처연하도록 노랬다는 사실이다. 그 노란 빛만 남기고 겨울은 그렇게 지나갔다.
 그는 늦가을 은행나무를 오래도록 바라보고 있었다. 카메라 조리개를 돌려 연신 셔터를 눌러대는 그도 한 그루 은행나무였다. 찰깍거릴 때마다 피사체는 렌즈 속에 갇혔다. 사진 속의 나무는 때가 되면 그에 의하여 죽지 않는 그림이 되었다. 그림이 완성되면 그는 언제나 "이 작품은 어때?" 하고 나에게 물어오곤 했다. 그림을 볼 줄 아는 상대에게 베푸는 배려이고 예의였다. 그가 화가였고 나는 그의 아내였다.

그날도 내 발길은 화실로 향했다. 평소 출입을 꺼려하던 나였지만 화실 문을 열고 들어서는 순간, 노란 나비 떼가 달려들었다. 캔버스에서 연이어 날아오른 나비 떼가 내 치맛자락에 무리 지어 매달렸다. 그 느낌만으로도 직장에서 쌓인 하루의 피로가 일순간에 씻겨졌다. 그는 평소와 다름없이 팔짱을 끼고 이젤에서 조금 떨어진 곳에 서 있었다. 이전과 달리 흡족한 미소를 띠며 캔버스와 나를 번갈아 봤다. 그의 키가 유난히 더 높아 보였다. 지난해 해인사에서 주워 책갈피에 끼워둔 은행잎을 훔쳐보았을까? 감정을 내색하지 않는 그였는데, 내가 노란색을 좋아한다는 소소한 취미까지 기억하고 있단 말인가. 멀대 같은 그를 바라보았을 뿐, 나는 입을 다물지 못했다. 그가 좋아하는 커피를 함께 마시는 동안 나를 위해 그린 그림 앞에서 내내 행복에 젖어 들었다. 그림 속 나비 세례를 받은 날은 그가 병원으로 걸어가기 1년 전이었다.

그가 그림을 그리는 동안 가정 살림은 오롯이 내 몫이었다. 대학 학비도 덤터기로 씌워졌다. 우렁각시마냥 홀로 35년 동안 가정을 책임졌던 내가 부러웠던 사람은 무명작가 시절 담배 한 갑의 돈을 받고 그림을 그려주고 쌀을 바꾸어온 어느 유명 화백님이었다. 진한 갈색 톤을 즐겨 사용하는 남편의 캔버스에서는 매년 사계절이 바뀌었지만 내겐 춘래불사춘春來不似春이었다. 세월이 흘러 그에게 화가의 명성이 찾아왔지만 내 직장

생활은 변함없이 계속되었다.

평소에 내가 존경하는 교수님이 어느 날 "만약 아내와 글쓰기 중에서 하나를 고르라면 주저 없이 글을 선택한다."고 했다. 다른 사람들은 농담으로 여기며 웃었지만 나는 무릎을 쳤다. 30년 전 그림에 몰두하고 있는 그의 등 뒤에서 나와 그림 중에서 어느 것이 더 좋으냐고 물었던 적이 있다. 그는 망설이지 않고 그림이라 대답했다. 동료 화가들은 이구동성으로 나를 조강지처로 치켜 주었지만 뒷바라지만 하는 세컨드가 나의 실상이었다. 한번은 쌀독을 박박 긁고 있는 나를 위로한답시고 근사한 초상화 한 점을 그려 주기는 했다. 시도 때도 없이 캔버스를 안고 있는 날이 더 많았지만, 예술가를 내조한다는 보람이 나를 버티게 해주었다 할까?

4년 전 어느 날 그는 내가 하고 싶은 것을 하라고 말했다. 그간의 희생에 대한 보답이라고 덧붙였다. 눈가가 붉어진 채 나는 켜켜이 먼지가 쌓인 노트를 다락방에서 끄집어냈다. 글쓰기를 다시 시작하고 싶었다. 그랬던 그 남자가 자신이 말한 책임을 다하기도 전에 은행잎이 떨어지는 늦가을에 홀연히 떠나버렸다. 대수롭지 않게 여긴 감기몸살이 그와 나의 삶을 송두리째 앗아 가버린 것이다.

그가 세상을 떠난 후 일 년 가까이 화실에 들리지 않았다. 은행잎이 가지에 조금 남아 있는 11월 중순 무렵, 화가인 아들은 미술대전 공모 작품에 막바지 붓질을 하고 있었다. 그는 예술가라면 당연히 지녀야 할 아들만의 작품 세계를 인정하면서 재능이 물려진 것을 대견해했다. 완성되어가는 아들의 작품을 흐뭇하게 바라볼 때면, 그와 나는 유쾌하게 웃곤 했다. 지금의 아들은 그림 그리기에 빠져 있는 듯 보였지만, 밤낮으로 함께했던 예술의 동반자가 곁에 없다는 생각을 떨치지 못하는지, 가끔 붓질을 멈추곤 했다.

한번은 여유가 생기면 스케치 여행을 함께 떠나자고 했다. 그의 등을 지켜보는 나에게 등을 돌리지 않은 채 던져준 말이다. 이제는 그 말도 그리움 속에서만 시도 때도 없이 그렁거린다.

남편의 작업실 문을 열었다. 손잡이를 돌리는 순간 새시 문소리가 끼이익 정적을 가른다. 케니지의 절절한 색소폰 소리가 들리지 않는다. 화실 가득했던 원두커피의 향기도 풍기지 않는다. 그림을 그리던 그의 움직임도 없다. 오직 세 개의 이젤만이 지게처럼 서 있다. 60호 크기의 그림 한 폭이 홀로 이젤에 기대어 있다. 오늘 나는 그의 등 뒤가 아니라 그림과 마주하고 앉았다.

그림이 여전하다. 은행잎이 나비 떼마냥 붙어 있다. 날아올라도, 날아올라도 나비 떼가 줄어들지 않는다. 무수한 은행잎 나비가 나뭇가지를 가리고 있다. 그림 앞에 선 그가 마치 영원히 당신과 함께할 거라며 속삭이는 듯하다.

이제 봄이 멀어지고 여름이 지나면 그가 떠난 늦가을이 온다. 그때면 은행나무 잎이 무수히 떨어질 것이다. 하지만 내 은행나무에서는 변함없이 노란 추억이 날아오를 것이다. 오늘처럼 그때도 나의 남자가 된 그와 내가 마주 설 것이다. 처음이자 마지막으로 내게 그려준 그림 앞에서.

즐거운 헛꿈

오늘은 작심하고 풀밭에 쪼그리고 앉았다. 내 손길은 섬세하고, 눈길은 예리해진다. 그것은 순전히 어젯밤 문학 행사를 마친 다음, 식사 때 들었던 최선생님 말씀 때문이다.

요즘은 무의미해졌지만, 전만 해도 특히 젊은 사람들은 네 잎클로버를 진정으로 행운의 상징이라 여겼다. 찾기를 원해보지만 풀숲에서 한 장 발견하기는 쉽지 않다. 그런데 선생님은 최근에 서른여덟 개의 네잎클로버를 찾았다고 한다. 은근히 내 심사를 자극한 탓이다.

남아 있는 기억을 더듬어 보자면, 아주 감수성이 예민할 때였나 보다. 수업 시간 담임 선생님인지, 입담이 좋았던 사촌 언니로부터 전해 들었는지 도무지 기억에는 없다. 하지만 네 잎클로버의 행운 이야기만은 어렴풋이 남아 있다.

두 연인이 풀밭에서 행운의 네잎클로버를 찾느라 시간 가는 줄을 몰랐다고 한다. 다행히 네잎클로버는 찾았지만 돌아갈 기차 시간을 놓쳐버리고 말았다. 그런데 그날 놓쳐버린 기차가 사고로 타고 있던 승객이 모두 사망했다고 한다. 행운의 네잎클로버 때문에 목숨을 구했다는 이야기다. 또 나폴레옹의 일화도 전해진다. 나폴레옹이 전쟁 중에 네잎클로버를 발견하고 허리를 굽히는 순간 적군이 쏜 총알이 비껴가게 되었다. 나폴레옹이 위기에서 목숨을 구했다고 해서 행운의 상징으로 여기게 되었다는 유례도 있다.

오래전에는 행여나 네잎클로버를 발견한다면 진정으로 나에게도 좋은 일들이 생길 것만 같았다. 그랬던 마음이 지금까지도 토끼풀에 무심하지 못하다. 하지만 단 한 번도 발견한 적은 없다. 그뿐만 아니다. 살아오는 동안 행운이라 느껴지는 일은 많지 않았다. 노력한 것만큼 대가가 늘 주어지기를 바랐지만 그것 역시 채워지지 않는 아쉬운 마음이었다.

어릴 때 클로버는 재미있는 장난감이었다. 친구들과 꽃을 따서 반지를 만들었다. 시계가 귀했던 시절이니 손목에 걸게 된 꽃시계만으로도 즐거웠다. 그때의 순수하고 청명했던 추억들은 고스란히 남아 있건만, 은근히 행운을 바라고 요행을 탐하는 세상살이에 찌들어버린 내가 되어가는 듯하다.

우연히 뜻하지 않은 행운이 다가와 좋은 일이 생긴다면 그것은 즐겁고 행복한 일임은 틀림없다. 나도 인간인지라 행운을 바랐던 적이 없지는 않다. 행운이라면 뭐니 해도 로또 당첨이다. 로또 한 장을 사 두고 일주일 동안 꾼 꿈만은 야무졌다. 없던 사람이 갑자기 로또가 당첨되면 그 돈을 주체하지 못하고 흥청망청하다 더한 불행을 자초한다는 이야기들을 들은 바가 있다. 나도 당첨을 대비하여 구체적인 계획을 세워보기로 한다. 제일 먼저 아들이 편안하게 작업할 수 있는 널찍한 화실을 마련해 주고 싶다. 어쩔 수 없는 어미의 마음이다. 남는 돈이 있다면 어디 한적한 곳에 작은 집을 마련하고 텃밭을 일구는 한가로운 삶을 즐기고 싶다. 로또 한 장으로 잠시 꾸어본 헛꿈이다. 그래도 내 마음대로 내 뜻대로 어마한 빌딩까지도 지을 수 있다. 즐거운 상상이다. 그러니 꽝이라도 그리 아쉬워할 일은 아닌 듯싶다.

　당첨자들의 경험담으로 보면, 조상과 관련된 꿈은 당첨 확률이 제일 높다고 한다. 생전에 시아버님은 얼큰하게 술에 취하시면 '우리 막둥 며느리는 내 꽃 며느린 기라. 꽃 며느리에게 호강을 시켜줘야 하는데 남겨줄 것이 없다.' 시며 눈물까지 흘리시지 않으셨던가. 동래 농악 꽹과리 상쇠였다는 아버님은 명절이면 아예 집을 떠났다고 한다. 오로지 꽹과리 흥에 빠져 집안을 돌보지 않아 시어머니 속을 무지 태웠다는 말씀을 들었다. 저승에서도 여전히 꽹과리 흥에 빠졌는지. 못 챙겨줘 애타시던 막둥 꽃 며느리는 까맣게 잊으셨나 보다.

　그의 아들 즉 나의 반쪽 역시 그렇다. 꼿꼿하고 대쪽 같은 성미는 이미 잘 알고 있는 터다. 그래도 처자가 빠듯하게 살고 있는 것을 누구보다도 뻔히 아는 사람이 아닌가. 염라대왕님께 가족을 좀 보살펴달라는 청탁을 한 번쯤은 올릴 만도 하련만. 아직 힘쓰는 높은 자리에 오르지 못했는지, 아니면 정신없이 붓질에 빠져 있는지, 떠난 후로 여태껏 꿈에조차 나타나지 않는다. 그런고로 저승에 있는 나의 그들은 믿을 것도 바랄 것도 없다.

　네잎클로버는 토끼풀의 돌연변이다. 즉 토끼풀의 기형으로 보면 되겠다. 소복하게 피어 있는 클로버가 한 가족처럼 모여 맑은 색으로 다정스럽다. 세잎클로버의 행복이라는 꽃말이 틀린 말이 아닌 듯하다.

　자연 속에서 네잎클로버 찾기란 만분의 일의 확률이라 한다. 네잎클로버를 찾다 보니 내 발밑에 흔한 세잎클로버를 밟아 버리게 된다. 살아오면서 행여 지천으로 깔린 행복을 걷어차고 일확의 행운만을 찾는 허황한 짓거리를 했던 적이 얼마나 많았을까. 새삼 나를 돌아보게 된다.

　찬찬히 초록 풀을 뒤적인다. 작심하고 덤비니 놀랄 일이 일어났다. 착각인 줄 알았다. 두 눈을 껌벅이고 맑은 눈길로 다시 확인해도 정확한 네잎클로버다. 꿈같은 현실이다. 짜릿한 쾌감과 온몸에 전율이 인다. 이제 와서 나에게 무슨 특별한 일이 일어날 리는 만무하다. 다만 내가 처음으로 네잎클로버를 찾았다는 벅찬 감동이 바로 행운이라 여겨진다. 다시 두 개를 더 발견했다. 의미를 부여했을 뿐인데, 작고 여린 풀잎이 이렇게 마음을 들뜨게 한다.

요즘 네잎클로버는 품종개발로 대량생산이 가능하다. 식용 네잎클로버로 활용하는 음식까지 다양해지고 있다. 재배하는 농가는 고액의 소득을 올리고, 행운을 파는 농부가 되겠다. 오성급 호텔, 고급 레스토랑, 유명 커피점, 액세서리, 청첩장까지 상업적이다. 행운을 원하는 심리를 이용하는 상술이 늘어나는 추세다. 언제든지 돈으로 살 수 있으니 네잎클로버의 간절했던 환상은 점점 사라지고 있다.

눈이 번쩍하는 행운을 바라지는 않는다. 다만 그날이 그날 같은 밋밋한 일상을 깨워주는 멋진 환상을 그려볼 수는 있다. 가끔 아주 가끔은 헛꿈이라도 좋을 즐거운 상상에 빠져볼 일이다.

그림 속의 남포등

 오랫동안 찾지 않았던 작업실 문을 연다. 많은 시간을 마주했던 높이가 다른 네 개의 이젤이 지게처럼 서 있다. 그림을 완성하지 못한 캔버스들도 여기저기 벽에 기대어 있다. 그림 소재가 되었던 골동품들마저 주인의 붓질을 그리워하고 있는 듯 변함없이 제자리에 놓여 있다. 모든 것이 그가 놓아둔 그대로이다. 오늘도 뿌연 먼지를 쓰고 지루한 시간을 견뎌낸다.
 주인 잃은 화실 안은 온기마저 사라진 지도 오래다. 화실이 삭막하고 낯설다. 밤낮 붓질로 뜨겁게 불태우던 화가의 열정도, 캔버스에 그림이 완성되면 만족한 얼굴로 담아내던 미소도 더는 볼 수 없다. 즐겨 들었던 음악도 멈춘 지 오래다. 화실 가득 채웠던 원두커피의 부드러웠던 향도 이제는 기억에 머물러 있을 뿐이다.

생전에 그가 걸어둔 백 호짜리 정물 그림에 눈길이 향한다. 그림 속 하얀 소국과 짚으로 엮어 만들어진 오래된 망태기에는 잘 익은 붉은 석류가 한가득하다. 농익어 쩍 갈라진 석류 속 붉은 알이 루비보다 더 영롱한 보석처럼 박혀 있다. 몇 개의 석류가 탁자 위에 뒹굴고 옛 무쇠 화덕과 남포등도 조화롭게 그려져 있는 정물화다. 그림은 변함이 없다. 화가는 갔지만 그의 예술혼은 살아 있다.

그는 틈이 날 때마다 단골 골동품 매장에 자주 들락거렸다. 오래된 물건 중에 그림의 소재가 될 만한 것을 구매했다. 사들인 골동품들은 언젠가는 작품으로 완성된다. 낡은 것에 또 다른 예술의 가치를 부여하는 것을 즐겨 했다. 그림 그리기를 좋아하는 만큼 그림의 소재도 귀하게 여겼다. 그려진 그림들은 전시장에서 많은 사람의 눈길을 잡으면 그림 소재로 가치를 더하게 된다.

남포등 앞에 발을 멈춘다. 화실에는 여러 종류 골동품이 많지만 그는 유난히 남포등에 관심을 주었다. 호롱불보다 더 밝은 등에 희망을 품었던 것일까. 그림의 구성으로 보아도 정물 중심에는 늘 남포등이 그려져 있다. 그가 구매한 종류의 등은 빨강, 파랑, 노랑, 검정, 초록 등 색도 모양도 다양하다. 여덟 개의 남포등이 평소 것처럼 나무 반닫이 위에 나란히 두 줄로 세워졌다. 생전의 손길 그대로이다. 그는 뿌듯한 눈길로 남포등을 바라보며 좋아했다. 정성스럽게 기름으로 닦아주기도 했다. 그 남포등이 부분마다 녹슬어 제 색마저 잃어가고 있다.

전기 혜택을 받지 못했던 시절 어촌에는 호야등이라 불렀다. 동네에서 그래도 좀 산다는 집에만 사용했던 아주 멋진 고급 등이었다. 남포등 불빛이면 온 세상이 밝은 기분이었고, 궁색했던 시절에도 내일을 위한 희망의 등이었다. 철제품에 유리제로 등 씌우개를 끼워 집안이나 바깥 어느 곳에서도 사용할 수 있다. 들고 다닐 수 있도록 손잡이가 있어 편리했다. 심지를 올리며 시커멓게 그을음이 생기고 기름도 많이 먹었지만 불은 더 밝았다. 전국에 전기가 보급되면서 남포등은 역할이 없어졌다. 더는 사용하지 못하게 되어 자취를 감추더니 이제는 박물관이나 골동품 상회에서 찾을 수 있지 싶다. 나는 그의 그림 속에서만 볼 수 있다.

아버지는 큰 어장을 관리하는 선주였다. 고기를 잡는 어선도 여러 척을 소유하였다. 밤바다에 그물을 치는 어선에는 남포등을 많이 달아서 고기들이 환한 불빛을 보고 몰려오게 한다. 어두운 바닷길을 밝혀주는 어부들의 길잡이기도 하다. 지금은 바다나 육지에서 전기 혜택으로 편리해졌지만 오래전 남포등은 어부들에게는 생명의 빛이 되고 희망의 빛이었다. 남포등이 아버지의 뱃길을 환하게 밝혀주었던 등이었다면, 화가에게 남포 등불은 또 다른 예술세계로 이끌어주는 혼의 빛이기도 했다.

그림을 그리는 것이 그 사람의 전부였다. 현실에서 어떤 어려움이 주어진다고 해도 그림에 대한 포기는 없었다. 모든 가정생활은 내 몫이었지만 그의 타고난 재능과 예술성을 내조하는 보람으로 살아내었다. 그는 그런 열정이 있어 결국 그만의 예술세계를 이루어 내었다. 더 여유가 주어지면 가족 스케치 여행을 떠나자던 그의 말도 사라지지 않는 이명처럼 아직도 귓전에서 맴도는데, 그는 단풍 진 은행잎이 떨어지는 날 남포등 불빛처럼 사그라지고 말았다.

세월에 밀려 제 기능을 상실해 버린 것들이 어찌 남포등뿐이랴. 강한 무쇠가 녹슬고 삭아 부스러지는 것처럼, 사람의 생 역시 마찬가지다. 하루도 붓질을 멈추지 않았던 그는 천년이고 만년이고 그림만 그리고 살 것 같았다. 그런데 화실에서는 끝없이 붓질해대던 그의 움직임은 볼 수 없다. 오로지 그의 움직임의 기억들로 되새김되어 아련해질 뿐이다.

그의 손으로 그려진 그림은 여전하다. 다시 태어나도 그림을 그리겠다던 그였다. 사랑했던 사람과 소중하게 여겼던 모든 것들을 그대로 남겨둔 채다. 사람에게는 각자의 모양대로 삶의 고통이 주어진다. 아무도 이해하지 못할 평범하지 못했던 그와 나의 삶이었다. 화실에는 남포등이 그려진 그림 속에 그 사람, 그 사랑, 그의 예술세계가 표현되어 있다.

여덟 개의 남포등이 밝혀진다. 순간 환하게 밝아진 화실이 따뜻하고 포근하다. 그림 속 남포등도 불빛을 드러낸다. 그는 무심하지 않았다. 헛헛하게 서성이는 나를 그가 다독인다. 슬프지도 외롭지도 말라 한다. 남포등은 내 곁에서 영원히 꺼지지 않는 그 사람의 예술의 혼으로 남아 있을 것이다.

그의 작업실 문을 닫고 조용히 발길을 돌리려는 순간이다. 조심해서 가라는 목소리가 들린다. 반가운 목소리에 고개를 되돌린다. 빈방에 남은 그림 속 남포등 불빛이 흔들린다. 불빛이 참 곱다.

녹

 오래전부터 건축 공법에 관심을 가졌다. 독특하게 세워진 건물을 보면 예술 작품을 감상하듯 바라본다.
 엘리트 여자 건축사를 만날 기회가 있었다. 건축에 대해 대화를 나누던 그녀는 자신이 건축한 대표 건물 하나를 소개해 주었다. 건물이 외관에 '내후강판'을 부착한 것이 특징이라 했다.
 철판이 공기나 물과 접촉하면 산화작용이 일어나 쇠붙이의 표면에 녹이 생긴다. 녹이 슬면 강판은 더 강하고 단단하게 되어 철이 부식되는 것을 방지한다. 녹이 보호막이 되는 셈이다. 그녀 말에 따르면 녹으로 인하여 새로운 건축 자재로 개발된 것이다. 세월의 흐름에 따라 질감과 색의 변화가 일어나므로 건축물을 보는 사람이 삶에 대한 기억과 건축의 역사까지 간직하게 된다는 설명을 덧붙였다. 내가 알고 있는 녹은 부정적인 이미지여서 생소했던 터라 쉽게 그녀의 설명이 와닿지도 않고 이해도 어려웠다.

부산 사하구 다대동에 있는 '홍티아트'를 직접 찾아가 보기로 했다. 초여름의 정오 햇살이 따가웠다. 인터넷으로 확인된 위치를 적은 표기한 쪽지 하나 들었지만 길에서 헤매게 되었다. 초행길인지라 누구에게 물어보고 싶지만 사람들이 보이지 않는다. 공단 지역에 하릴없이 서성이고 있는 사람은 나뿐이다. 금속 공단에는 개미 한 마리도 보이지 않는다.

유난히 빨리 찾아온 더위에도 아랑곳하지 않는다. 금속 공단에는 여기저기서 온통 쇠 깎는 소리만 요란하다. 도로를 달리는 차들의 엔진 소리도 바쁘다. 대한민국의 강한 경제력이 여기서부터 시작되는 듯 마음이 뿌듯함이 느껴진다.

한참을 두리번거리며 걸었지만 안내 표시는 보이질 않는다. 얼굴과 등 뒤로 땀이 난다. 혹시 지나쳐버렸나 왔던 길을 되돌아가기를 수차례 반복했다. 할 수 없이 공장 귀퉁이에 허름한 식당으로 들어가 '홍티아트'가 어디 있는지 물었다. 식당 사장님은 친절하게 이 길이 끝나는 위치에 작은 안내 간판이 있다고 했다. 그 위치까지 더 가란다. 알고 보니 절반의 길에서 찾아 헤맨 것이다.

'홍티아트' 건물이 녹슬어 있다. 6월 햇살을 받아 반짝이는 무성한 초록 나뭇잎과 대비된 색조가 더욱 붉다. 강철을 건축

자재로 사용한 발상이 조금 느껴지기 시작했다. 녹이 주는 부정적인 생각과는 완전히 다르다. 건물 외벽을 장식한 붉은 녹은 독특한 분위기를 풍겨낸다. 의미를 부각한 건축가의 능력이 비로소 이해된다. 손바닥으로 쓸어 보니 붉은 녹가루가 묻어난다. 쇠에 슨 일반적인 녹으로 확인된다. 어떤 예술가도 번쩍이는 황금으로도 만들어 낼 수 없는 신비스러운 색채를 띠고 있다. 건물이 잘 조각된 대형 조형 작품 같다.

이름에도 사연이 있다. 공단을 세우기 전에 있었던 홍티마을 이름을 따서 '홍티아트'로 붙였다고 한다. 금속 공단의 딱딱한 이미지를 부드럽게 바꾸면서 지역민들의 문화 의식을 높여주고 예술 창작 강의로 어린이들의 꿈을 키워주는 일도 한다. 산업직원과 향토 주민이 예술 공간 안에서 함께 호흡하고 있다.

내부는 젊은 예술가들의 창작 공간으로 사용되고 있다. 설치미술 중심으로 7명의 입주 작가들이 활동한다. 갤러리에 전시하고 있는 작품들은 주변에서 흔히 사용했던 폐품들이 소재가 되어 작가들의 손에서 예술 작품으로 재탄생된다. 보기에 편한 작품도, 눈으로 느낌으로도 이해되지 않는 작품들이 전시되어 있다. 난해한 시를 읽듯 신기하게 보인다.

오르는 계단 옆 벽도 붉은색이다. 2층은 작가들의 창작 공간이다. 방해가 되지 않게 조심스럽게 3층 옥상으로 올랐다. 사방으로 탁 트인 전망이 시원하다. 건너편에서는 낙동강 물이 바닷물과 반갑게 얼싸안고 있다. 공단 조성으로 기능을 잃어버렸지만 한때 활기 넘쳤던 홍티 포구가 좁은 수로 형태로 남아 있다. 포구에는 녹슨 폐선들이 깨어나지 않고 잠을 잔다.

이곳 '내후강판'의 녹과는 완전히 다르다. 한때 저 배도 거친 파도를 넘어 만선의 깃발을 세우고 포구로 돌아왔을 것이다. 그러나 더 오랜 후면 폐선은 서서히 사라질 것이다. 풍어와 바다의 애환을 기억하고 있는 저 포구 파도만 사라지지 않으리라. 폐선의 녹을 바라보는 마음이 찡하다.

사람에겐 녹이란 삭아드는 것을 의미한다. 마음도 문을 닫으며 가슴에 녹이 슬고, 황혼 길 인생을 녹슨 인생이라고 말한다. 모든 것은 시간과 더불어 소멸해 간다. 자연이 허용한 것만큼만 살다가 삭아 사라지는 것이다.

하지만 '내후강판'의 녹은 삭아 사라지는 것이 아니다. 녹도 더 단단하게 만들어 주기도 한다. 녹슨 것처럼 서운했던 관계도 풀고 나면 더 친밀해지는 사이로 이루어진다. 힘겨운 삶도 세월을 디딤돌로 삼아 활기찬 생으로 살아가게 된다. 아픔도, 미움도, 상처마저 제 몸 부수는 녹의 아픔을 거치면 비로소 아문다. 붉은 가슴으로 남은 생을 더 단단하게 살아볼 일이다. 온통 삭아 부서져야 상처들도 아물어 가는 것이 오늘 만난 '내후강판'이 내게 남기는 큰 교훈이다.

하루의 녹인 양 어느덧 저녁노을이 홍티 포구 하늘 위를 물들이고 있다.

양념

 "좋아하는 문장이라고 작품마다 양념처럼 쓰지 마시고요."
 순간 '양념'이란 단어가 피할 수 없는 화살처럼 내게로 날아와 정확하게 박힌다. 글을 쓰다 보면 자기만이 잘 쓰는 문장이나 단어가 있다. 은연중 이 글 저 글 심지어 한 작품 곳곳에 양념처럼 뿌려놓는다.
 잘 살펴보면 뻔히 보이는 것을, 확인조차도 서툴러 번번이 실수하게 된다. 꼭 그 문장이나 단어가 들어가야 글의 완성도가 높아지는 것처럼 여겨서일까. 아니면 익숙했던 문장에 길들어 있었던 탓인지도 모르겠다. 충격과 자극을 주는 지적이 정신을 확 깨운다.
 양념은 음식을 만들 때 파 마늘, 설탕 소금, 간장 된장 고추장 등으로 감칠맛 나는 맛을 돋우기 위해 덧붙여 넣는 재료를 말한다. 음식마다 넣는 종류는 다르기 마련이다. 물론 양념은 적당해야 한다. 적으면 맹숭하고 너무 과하면 강하여 입맛을 텁텁하게 되어 거슬리게 된다. 알맞게 간이 잘 밴 깊은 맛을 내는 한 끼의 음식에 사람들은 하루를 살아가는 힘을 얻는다. 글 역시 그렇다. 잘 엮어진 작품이 좋은 평가를 받는다면 글을 쓰는 보람과 아울러 용기를 얻게 된다.

어릴 적부터 엄마와 언니가 있어 부엌에 들어가 음식을 만들 일이 거의 없었다. 이것저것 손재주가 좋다는 소리를 많이 들었지만 진즉 부엌에서는 그러지를 못했다. 신혼 때의 일이다. 의상실 경영으로 바쁘다는 핑계도 있었지만 사실 음식만은 자신이 없었다. 싱크대 앞에 서면 무엇부터 해야 할지 몰라 막막했다. 냄비를 들었다 프라이팬을 들었다 놓기를 반복했다. 익숙하지 못한 서투른 행동이 표를 냈다. 그러니 유난히 솜씨가 좋은 친정 올케언니 반찬이나 넉넉하게 베풀어주는 둘째형님의 도움을 받았다.

시어머니와 손윗동서 세 분은 음식 솜씨가 좋았다. 그런 음식에 길든 남편의 입은 까다로웠다. 어느 날 소고깃국을 끓여 보았다. 모처럼 남편 입맛에 잘 맞은 국이었다. 맛있게 잘 끓였다는 말에 몇 끼를 줄기차게 밥상 위에 올렸다. 결국 남편에게 한 소리를 들었다. 아무리 맛있는 음식도 한두 끼지 질리도록 밥상에 올리느냐는 핀잔이었다. 순간 오늘 선생님이 쏜 양념이라는 말의 화살이 의식을 관통한 것처럼 그날 남편의 타박도 큰 충격으로 다가왔다. 많이 바쁘기도 했었고 모든 것이 다 이해될 줄 알았던 신혼 때인지라 섭섭함과 서러움까지 겹쳤다. 하지만 말 없고 속 깊었던 사람이 오죽했을까. 이후로 바쁜 가운데에도 음식 만들기에 관심을 가졌다. 음식을 조리할 때 첨가하는 양념에도 차츰 익숙해져 갔다. 색다른 식자재로 특별한 반찬을 식탁 위에 올려 새로운 음식 맛을 보여주기도 했다.

오랜 세월이 흘러갔나 보다. 남편이 밥상 앞에서 애들에게 들려준 말이다. 너희 엄마가 해주는 음식을 먹다 보니 밖에 음식은 입에 맞지 않는다고 했다. 그동안 어설픈 음식에 입맛이 길든 것인지, 아니면 내 노력의 대가를 위로해주는 화답인지 알 수 없지만 입맛이 까다로운 그가 인정해주는 말이라 내심 기분이 좋아졌다. 이를테면 맛있는 음식도 계속 먹다 보면 식상하듯이 아무리 좋은 문장도 남발하게 되면 감동을 주는 글이 되지 못한다.

남편과 달리 내 입맛은 지극히 서민적이다. 특히 쌈을 좋아한다. 쌈에 맛깔 나는 양념된장이 보태지면 최고의 맛이 된다. 여자가 음식을 먹을 때는 얌전하게 품위 있게 먹어야 하지만 쌈을 싸 먹을 때는 볼이 터질 듯 걸신스럽게 먹어야 제맛이 난다. 그러니 어찌 쌈 맛을 포기할 수 있겠는가. 내 입맛에 맞는 음식이라면 날마다 먹는다고 해도 질리지 않는 식습관이 글쓰기에도 전이된 듯, 현재에 머문 글쓰기도 시나브로 습관이

된 듯하다.

삼 년 전이다. 김장 날의 기억이 떠오른다. 갖가지 재료로 잘 섞어진 양념을 절인 배추에 발라 한 줄기 떼어 먼저 맛을 보았다. 생각했던 맛이 전혀 아니었다. 깜빡하고 갈아놓은 마늘을 빠뜨렸다. 다시 마늘을 넣고 버무리니 그제야 원했던 맛을 내는 김치가 되었다. 간이 잘 맞고 양념이 고루 배어야 입맛을 당기는 음식처럼, 다양한 소재로 잘 엮인 글 역시 그렇다. 문장이 잘 갖추어진 작품이야말로 눈을 뗄 수 없게 된다.

입안을 얼얼하게 하는 매운 고춧가루나, 마늘처럼 톡 쏘는 글은 읽는 사람에게 자극을 준다. 눈물을 흘리거나 역경을 견뎌내는 용기를 주고 감동을 일게 한다. 새콤하고 고소한 참기름이나, 달콤한 설탕 같은 글은 인생의 즐거움과 행복과 사랑을 느끼게 해준다. 그러나 중요한 핵심 같은 양념이 빠진 글이라면 이것도 저것도 아닌 맥 빠진 글이 될 것은 뻔하다. 곰탕은 끓어질수록 진국이 되듯 글도 수정할수록 진한 한 편의 글이 되리라 본다.

음식에서뿐만 아니다. 사회생활에서도 양념 같은 역할을 하는 사람을 보게 된다. 어떤 모임에서라도 유머나 덕담을 적재적소에 날리면서 분위기를 잘 끌고 가는 사람이 있다. 그런가 하면 생뚱맞은 말로 분위기를 흩트려 놓는 사람이 있다. 간이 잘 맞지 않은 음식이리라. 어떤 양념이 들어갔느냐에 따라 맛이 달라지듯, 살아가려면 양념 같은 대처 능력 또한 필요하다.

창작이란 초록 파밭과 고추밭, 마늘과 생강밭에서 수확해서 양념의 재료가 되듯, 모든 음식의 맛을 더하는 양념처럼 깊고 부드러운 글맛을 살려 내야 한다. 어떤 새롭고 다양한 문장으로 완벽하게 나만의 글을 쓸 것인가. 양념이란 단어 하나로 깊은 고민에 빠진 하루다.

봄비

 창문에 부딪히는 빗소리가 리듬을 탄다. 유리를 타고 흘러내린 빗물이 가슴 한구석에 웅덩이를 만든다. 오늘같이 봄비가 내리면 지난 추억들이 저절로 소환되어 물방울처럼 부풀었다 터지기를 반복한다.

 봄비는 받아들이는 사람에 따라 의미가 다를 터. 봄비만큼이나 희망적인 것이 어디에 있나 싶다. 봄비가 적시에 내려주면 세상 만물이 싹을 틔우고 꽃을 피운다. 온종일 주적주적 비가 내리는데 봄비 노래를 모르는 채 그냥 지나칠 수가 없다. 월간지에 올려진 글을 읽었다. 비가 내릴 때마다 쇼팽의 〈빗방울 전주곡 15번〉을 듣는다는 작가님의 글이다.

 건강이 좋지 않은 쇼팽이 연인 조르주 상드와 요양 차 마요르카섬, 발데모사 수도원에 머물렀을 때다. 장대같이 비가 쏟아지는 날, 쇼팽은 외출한 연인 상드를 기다리던 중이었다. 그 날 수도원 지붕에 세차게 떨어지는 빗방울 소리에 악상을 떠올려 서정적인 피아노 선율로 이 전주곡을 완성했다고 한다.

나는 지극히 소시민으로 현실에 부대끼며 살아온 처지다. 느긋하게 클래식 음악은 감상할 여유나 관심을 가질 수가 없었다. 간혹 지인이 건네준 초대장으로 오케스트라 연주나 현악 4중주 연주 감상을 한 적은 몇 번 있긴 하다. 클래식은 대중가요와 달리 일반적이지 못하고 어떤 계층만이 누릴 수 있다는 나만의 선입견 때문인지 모르겠다. 음악이 어렵게만 느껴지고 즐기기도 쉽지 않았다.

작가의 글을 읽고 나니 빗방울 전주곡을 듣고 싶었다. 클래식에 무지한 내가 인터넷에 동영상을 찾아 들어본 피아노 연주 감상이었다. 처음 들어 보는 음악이 마치 빗방울이 떨어지는 소리와 흡사하다. 분위기마저 비가 내리는 듯 쓸쓸함이 배어 있다. 추녀 끝에 떨어지는 빗줄기를 두 손으로 받았던 어릴 적 내가 그려져 아련해진다. 무슨 생각에 잠겼던 것일까. 지금 내 기억에는 없지만, 선율 속에는 그때의 빗소리가 들리는 듯하다.

베란다 창에 매달리는 빗방울만큼 되살아나는 추억들. 마음속에 다져 놓았던 감정들도 살아나 날갯짓하며 달려와 와락 안긴다. 고독과 외로움, 회한과 자책은 아스팔트에 떨어진 물방울처럼 튕겨 오른다. 이후로 기분이 우울하거나 마음이 무거워지는 비 오는 날이며 이 곡을 한 번씩 듣게 된다. 꽉 차오르는, 뭔가를 표현할 수는 없지만 연주곡은 나를 흥건히 젖어 들게 한다. 그러나 '빗방울 전주곡을 들으며 미소가 머금어진다면 사랑에 빠진 것이고, 눈물이 난다면 아픔을 겪는 중이다'라는 적절하게 표현된 글귀에 우울했던 마음에도 슬그머니 웃음이 난다.

  봄비 내리는 날이면 일부러 듣는 가요가 있다. 박인수의 '봄비'다. 칠십 년대의 히트곡으로 최고의 인기를 누린 노래다. 그러나 한동안 잊고 살았다. 이 노래를 부르거나 들을 때면 내 마음을 대변하는 것 같아서다. 지울 수 없는 그리움이 짙어지고 괜히 쓸쓸해져 일부러 더 멀리했는지도 모른다.

  박인수가 불렀던 소울 음악은 미국 남부 시골 할렘에서 흑인 노예들이 노동을 하면서 불렀던 노래라고 한다. 영혼 또는 정신을 가리키는 말로 혼이 들어간 음악, 그래서 진하고 농도가 짙으며 통렬함을 느끼게 하는 음악이다. 박인수는 온몸을 쥐어짜는 듯 독특한 창법으로 절절하게 불렀다. 그는 한국전쟁의 아픔을 모질게 겪은 피해자 중의 한 사람이다. 그의 삶의 과정과 똑 닮아 더 절실하게 불렀던 것 같다. 봄비가 내리는 오늘 같은 날이면 전파를 타고 흐르는 이 노래를 한 번쯤 듣게 된다.

  오래전, 가수 박인수의 현실을 엮은 〈인간극장〉 프로를 방영했던 적이 있다. 계절과 때를 맞추어 프로그램 제목도 '봄비'

였다. 아침마다 내 시선은 티브이 화면으로 향했다. 그는 한때 무대에서 슬픔을 토하듯 열창하며 뭇 대중들의 인기를 누리던 가수 박인수의 모습은 아니었다. 기초수급자로 요양원에서 보호받고 있는 마르고 무기력한 노인이었다. 화면에는 그의 전성기에 활동했던 젊고 멋진 모습과, 병들어 초라해진 현재의 그를 대비시키는 영상을 담아내었다.

그에게 가족은 소중했지만 늘 음악이 먼저였다고 한다. 예술이란 누구나 쉽게 이해할 수 없는, 독하게 중독되게 하는 것이 있다. 그런 남편을 이해하지 못한 아내는 아들을 데리고 그의 곁을 떠났다.

예술가의 아내란 화려하고 멋지게 그려진 그림 같은 삶이 아니다. 더구나 가정에 집중하지 못하는 남편이었다면 말이다. 가난한 예술가의 아내라면 경제적 곤란에 버텨내기는 정말 힘들다. 심지어 가까운 부모 형제까지 짐작도 이해도 할 수 없는 지독한 현실에 부대끼게 된다. 피할 수 없는 내조자로 살아야 하는 운명이고 숙명이지 싶다. 다만 남편의 가능성과 예술성을 믿어주고 인정하며 버텨내는 것이다.

이십여 년 만에 투병하고 있는 그를 아내와 아들이 찾아왔다. 박인수의 아내는 남편을 떠났던 철없었던 한때를 후회했다. 세 가족이 모여 다시 가족의 사랑이 시작되고 있었다. 봄비라면 행복보다 슬픈 이미지를 떠올리게 된다. 하지만 티브이에 보이는 그들 모습에는 슬픔이 아닌 행복으로 가는 희망의 봄비가 보슬보슬 내리기 시작했다. 그가 불렀던 봄비 노래와 함께.

>이슬비 내리는 길을 걸으면
>봄비에 젖어서 길을 걸으면
>나 혼자 쓸쓸히 빗방울 소리에
>마음을 달래고, 외로운 가슴을 달래길 없네
>한없이 적시는 내 눈 위에는
>빗방울 떨어져 눈물이 되었나
>한없이 흐르네 봄비 나를 울려주는 봄비
>언제까지 내리려나 마음마저 울려주네
>봄비
>   - 가수 박인수 노래 〈봄비〉

살림꾼

 판매대에 진열된 식기 세트를 찍어 카톡으로 보내왔다. 아들은 백화점 주방용품 전시장을 둘러보는 중이란다. 부엌에 필요한 것 중 눈길이 가는 몇 가지를 찍어 올렸다.
 색상과 모양을 달리하는 그릇들이다. 디자인이 세련된 색색의 냄비는 태웠던 흔적들이 얼룩으로 남아 있는 것과 완전히 다르다. 어떤 음식을 조리한다 해도 요술을 부려 특별한 맛을 낼 것 같다. 아기자기한 접시들은 무슨 반찬을 담아도 풍미가 더할 것으로 보인다. 찍어 올려주는 주방용품들은 모두 부엌에 들여놓고 사용하고 싶다. 고르는 눈썰미가 탁월하다. 젊은 남자의 쉽지 않은 관심사다.
 식기는 각자의 색으로 정하자고 한다. 계절과 어울리는 그릇 선택은 어떻겠냐고 묻는다. 여태껏 생각해 본 적도 시도해

본 적도 없다. 그냥저냥 부엌살림을 해 온 나다. 더구나 여자가 아닌 아들의 제안이 조금은 당황스럽다. 일 년을 상하반기로 나누어 본다. 겨울에는 따뜻하고 묵직하게 보이는 것이면 되겠다. 여름은 산뜻하고 시원함이 느껴지는 식기라면 괜찮지 싶다. 전과 달라질 부엌 풍경을 상상하니 칙칙했던 부엌이 환하고 깔끔하게 정리될 것 같다.

가까운 지인의 집에 들렀을 때다. 눈길을 끌며 입을 다물지 못하게 했던 경험이다. 여러 국적을 달리하는 멋진 그릇들이 진열되었는데 무늬들이 화려하고 생긴 형태가 이색적이었다. 주인의 잦은 해외여행과 주어진 삶이 한없이 여유롭다는 의미다. 자랑스러워하는 주인의 마음과 달리 그릇에 큰 관심을 두지 않았으므로 그리 부럽거나 탐나지 않았다.

주방 식기는 오래 사용했으나 개의치 않았다. 가지각색이 뒤섞여 잡다하지만, 부엌의 변화는 생각하지 못했다. 음식량에 따라 담아낼 적당한 크기만 갖춰지면 그만이었다. 오로지 배를 채울 수 있는 푸짐한 양과 맛만 집중했다. 그런데 요즘 부엌을 들락날락하는 아들의 관심사가 달라졌다. 주방 그릇이나 기구, 음식 재료 챙기기다. 이뿐만 아니다. 집안에 필요한 모든 것을 주문해서 배달시킨다. 하루에도 몇 차례 벨 소리가 택배 도착을 알린다.

이번만은 정신 줄을 단단히 잡아 보리라. 가스레인지에 올려놓은 고구마가 익을 때까지 소파에 앉아 뉴스를 시청한다.

국회의원 선거철이니 채널마다 유권자 마음을 사로잡으려는 출마자들의 정책 공약들로 시끄럽다. 내 짧은 소견으로 전혀 현실성 없는 공약들도 난발한다. 입으로 구시렁대면서도 중독자처럼 티브이를 끄지 못한다. 그사이 매캐한 냄새가 온 집안 한가득하다. 아차, 급하게 부엌으로 달려가 레인지 불을 끄지만 이미 냄비는 까맣게 타고 말았다. 깜빡 정신 줄을 놓아버린 탓이다. 요즘 따라 부쩍 이러는 내가 정말 한심스럽다. 뉴스에서 받았던 못마땅한 스트레스까지 보탠 울화가 머리끝까지 치민다.

여러 차례 태웠던 냄비다. 그동안 검게 탄 냄비는 팔이 아프도록 닦아 사용했다. 아무래도 이번만은 회생이 불가능하다. 이런 경우가 한두 번이 아니니 온전한 냄비가 남아 있을 리 만무하다. 음식의 양에 따라 조리해야 할 적당한 냄비가 필요하긴 했다.

그릇은 따로 구매한 적이 별로 없었다. 주로 매장 행사 때 받아둔 사은품이나, 셋째 형님 부엌이 새 그릇으로 바꿀 때마다 사용했던 것들을 물려주었다. 색상과 모양은 상관하지 않았다. 늘 바쁘다 보니 손님을 초청해서 상을 차릴 일은 절대로 만들지 않았다. 시간을 줄일 수 있는 빠르게 조리되는 음식이었고, 간단하게 올릴 수 있는 몇 안 되는 식탁 차림이었다. 세련되고 고급스러운 그릇은 관심 밖이었다.

이왕이면 멋진 그릇에 모양 나게 담아낸 음식은 보는 것만으로 정성이 느껴지고 식욕을 돋게 한다. 그렇게 차린 식사를 하게 되면 큰 대접을 받는 느낌이 들게 된단다. 늦은 밤 서둘러 차려낸 식탁에 앉은 남편의 딱 한 번 했던 말이었다. 늘 바쁘고, 노심초사하며 사는 나에게 뭔 투정인가 싶었다. 힘든 내 처지를 알아주지 않는다는 섭섭한 마음이 컸다. 그의 말이 마치 가슴을 찌르는 못 같았다.

그는 음식 맛을 탓한 적이 없었다. 식탁에 올리기까지 요리하는 사람을 마치 잘 그려 완성한 예술가의 작품과 같이 여겼던 것일까. 간혹 나도 화려하고 모양 나게 차려놓은 상차림 앞이면 먼저 눈으로 예술 작품을 감상하듯 한다. 특히 내 눈길이 가는 음식은 먼저 침샘부터 열린다. 그때마다 어김없이 내 귀에 들린다. '보기 좋은 음식이 먹기도 좋다'는 그의 말이.

아들이 주방에 관심을 가지면서 점점 살림꾼이 되어간다. 주말이면 나를 제쳐두고 주방을 차지한다. 엄마의 영양 상태까지 살펴 식재료를 사용한다. 이제는 도마 위 칼질 소리도 익숙한 듯 리듬이 맞다. 완성되면 가장 잘 어울리는 멋진 그릇에 깔끔하고 보기 좋게 담아낸다. 고급스럽고 맛깔스럽게 보이는 요리가 식욕을 자극한다. 토종 음식에 길든 내 입맛에도 맞는 최고의 맛이다. 흡족해하는 나를 바라보며 아들은 만족하며 뿌듯한 표정을 짓는다. 그럴 때마다 나는 이렇게 큰 대접을 받고 사는구나 싶다.

꽃을 피우는 시기가 다르듯, 사람마다 살아낸 생도 다르다.

지난 생을 샅샅이 더듬어 보지만 휘황찬란한 순간들은 없었다. 요즘처럼 몸과 마음이 평온함을 누리고 산 적이 있었나 싶다. 여기에 뭘 더 보탤 것인가. 그러니 지금 내게 주어진 이 삶이 어찌 화양연화花樣年華라 아니할 수 있겠는가.

전과 확연하게 달라지는 감정의 변화가 새삼스럽다. 언제부턴가 찬장 속의 잡다하게 뒤섞인 그릇들이 눈에 거슬리기 시작했다. 품위 나는 그릇으로 그럴듯한 밥상 한번 차려보지 못한 것이 후회로 다가온다. 평범한 주부로서 살림살이에 집중하지 못한 아쉬움도 늘 마음에 남는다.

그런 중에 아들이 띄워주는 주방 특별전이 내 눈과 귀를 솔깃하게 만든다. 아무래도 주말에는 살림꾼을 따라 백화점에 한번 들러봐야겠다.

어제 오늘 그리고 내일 또

 더는 미룰 수는 없었다. 아들이 갤러리를 계약하고 전시 준비를 하는 동안 나는 무엇에 쫓기듯 마음의 갈피를 잡지 못했다. 《어제 오늘 그리고 내일 또》로 이름 붙여진 유작전을 위한 작품 도록이 인쇄되어서 배달되자마자 첫 장을 넘겼다.
 그가 그곳에 있었다. 생전 그대로 대형 이젤과 마주하고 물감을 캔버스에 덧칠하고 있었다. 오롯이 그림 속에 빠져 있는 옆모습이 지금까지 겨우 지탱하고 있던 내 마음을 와르르 무너뜨렸다. 금방 빠져나올 만큼 생생한 그가 나를 향해 돌아서 미소를 던질 것만 같았다. 가까스로 정신을 차려 사진으로 박힌 그의 그림을 더듬기 시작했다.
 유작전이 열리기 전날, BS갤러리로 디피 전문 선생님께서 오셨다. 남편의 깐깐한 성격과 취향을 곧잘 짚어내던 분이다.

서로 취향이 맞았는지 개인 전시회를 개최할 때마다 그에게 일을 맡겼다. 김 화백님의 그림을 서정적으로 걸어 보겠다며 그림의 분위기와 크기를 조절해가며 천천히 화랑 벽에 걸기 시작했다. 수필가로 첫발을 내딛게 해준 나의 등단작 〈11월의 노랑나비〉에 모티프를 제공한 그림은 남편이 지어준 '여운'이란 표제를 달고 입구 첫 번째 자리에 걸렸다. 전시 화랑이 마침내 그의 예술혼으로 가득 찼다.

나는 그림 하나하나와 조우하고 있었다. 그와 다시 마주하게 되었다. 그는 작품이 완성될 때마다 나를 불러 평가를 해주기를 원했다. 화가 아내로 살면서 생긴 안목 때문일까. 그것보다는 아내에 대한 지아비의 애정 표현일 것이다.

"더 이상 붓질하면 이상해지겠지?"

그림 앞에 선 그가 지금 그렇게 묻고 있었다. 갑자기 눈앞에 운해가 내린다. 그의 작품 〈어제〉는 그랬다. 처음 그는 콩나물을 즐겨 그렸다. 성장 환경의 표현이라고 말했다. 칠남매의 늦둥이로 태어나 듬뿍 받은 어머니의 사랑을 복고적으로 승화시킨 콩나물 시리즈였다. 미를 골라내어 시루에 안치고 잊지 않고 물을 주어 키운 정성처럼 어머니는 그렇게 가족을 키웠다. 콩나물을 고봉밥처럼 담아 가족의 먹을거리를 걱정하던 어머니의 아픔과 보람을 그려냈다.

콩나물을 그리기 위해 전통 방식을 고수하는 공장을 찾아 헤맸다. 부산 사직동에서 나무통에 콩나물을 기르는 공장을 찾은 후에는 화구박스를 챙겨 그곳에서 살다시피 했다. 캔버스에 옮겨진 서민적 콩나물 작품은 누구에게나 친근감을 주었다. 재일교포들은 고국의 향수를 느낀다며 한두 작품씩 구입해 가기도 했다. 변형적 구도로 그려진 콩나물 작품들이 공모전에 출품되었고 그를 추천작가의 반열에 올려놓았다. 가난했던 화가에게 콩나물이야말로 일용할 양식이면서 노스탤지어의 노란 손수건이었다.

자리를 옮겨 〈오늘〉의 작품 중의 하나인 〈소외된 공간〉 앞에 선다. 쉬 닿을 수 없는 기법을 수차례 시도하는 동안 초조한 속내를 감추며 가능성이 보이기를 함께 목말라했다. 실패가 이어지는 동안 술 담배를 모르는 그에게 닥쳐온 스트레스는 잠마저 앗아갔다. 그에게는 포기가 없을 정도로의 노력과 타고난 재질은 대단했다. 따끈한 커피 한 잔이 내가 줄 수 있는 전부였다. 그는 그것을 무언의 위로로 받아들여 주었다. 그는 그만의 독특한 세계를 이렇게 설명했다.

> 이중적 공간은 캔버스와 망이 만나 공간을 또 다른 하나의 공간이라 하고, 그 위에 색이 얹어지므로 해서 생겨나는 무수히 많은 단위 공간을 말하는 것이다. 이 많은 단위 공간들은 망선 위에서 물감이 적절히 배치함으로써 두텁거나 혹은 얇게 조형적 균형을 얻게 된다. 사포로 문지르는 과정을 거치면 마침내 악어 등짝 같은 묘한 형상

을 드러낸다.

거시적 형태가 단순히 표현으로 드러나는 것이 아닌 단위 공간 속에 쌓여 있는 색의 두터움의 차이에 의한 것이라는 인식의 전환을 감상자에게 일으키게 한다.
– 제3개인전 '작가의 설명' 중에서

이렇게 시도는 마침내 그만의 작품세계를 탄생시켰고 대한민국미술대전에서 인정받았다.

〈그리고 내일 또〉는 바람의 공간이다. 화실 창문 밖으로 보이는 변두리 판잣집이 모여 있는 도시, 소외된 인간과 가족의 집들. 언제 철거될지도 모르는 적산가옥에는 시한부 삶들이 살고 있었다. 지붕을 기껏 천막 비닐로 가린 채 오늘을 넘길지라도 내일을 위해 조그만 희망을 품고 산다. 그는 그냥 살아야 하는 인간의 모습을 그곳에서 보았다. 그곳은 자신의 소외된 심적 공간이기도 했다. 부모 형제로부터 화가라는 직업을 인정받지 못한 외길에 그는 혼자 서 있다. 가옥들이 철거되고 사람들이 뿔뿔이 흩어졌다. 그곳을 애절하게 바라보던 화가는 떠나버렸고, 그림 속에는 시간만 남아 있다. 그는 영원한 화가이고 나는 그의 아내로 살아서 행복하다.

밖에는 어둠이 조용히 깔린 시간, 고즈넉한 그의 작품을 바라본다. 평생 그림만 그리고 살 수 있어 행복하다고 말하던 그 사람, 병실에 누워서도 그림을 그리려던 그가 지금 여기에 없다. 캔버스에 그려진 그림도 마음에 그려지면 그리움이 되는가. 오늘 저녁, 나는 마음속에 그를 그리고 있다.
 내일이면 유작전이 오픈한다.

용눈이오름

 몇 해 전이다. '김영갑 갤러리 두모악'을 찾았다. '용눈이오름'을 파노라마처럼 담아낸 사진에 감동했다. 이후로 사진작가가 수없이 올랐다는 용눈이오름은 내 그리움을 불러내는 또 하나의 자리가 되었다.
 이번 제주 여행을 떠나기 전에 마음을 정했다. 올 때마다 계획과 달리 올레길에 빠진 발길이 쉬 돌려지지 않아 용눈이오름은 다음으로 미루곤 했다. 오름은 용이 누워 있는 모습으로 보이기도 하고 분화구가 용의 눈처럼 보인다고 하여 '용눈이오름'이라 한다. 김영갑 씨는 그곳에 움막을 짓고 추위와 배고픔을 참아내며 사진을 찍었다. 사계절 비가 오나 눈이 오나, 세찬 바람이 불거나, 뙤약볕이 쏟아질 때도 자연이 연출하는 순간 포착을 기다렸다고 한다. 그의 열정적인 생을 느껴보고 싶은 건 나만이 아닐 것이다.

 오름의 낮은 곳에는 무덤들이 즐비하다. 현무암으로 쌓은 담들은 어릴 때 보았던 조각 밥상보 같다. 순환버스에 탑승한 해설자는 공동묘지가 명당이라고 소개했다. 그 말을 증명이라도 하듯 여기저기 삶과 죽음이 가까이하고 있다. 양지바른 곳에서 편안한 휴식을 취하고 있다. 게다가 관광객들은 망자가 외롭지 않도록 시시때때로 이곳을 찾아온다.

 가파르게 보이는 것과 달리 완만하게 오를 수 있다. 입구에서 올려다본 오름은 나무가 없다. 부드러운 허리에서 엉덩이로 이어지는 노출된 능선의 곡선이 매혹적이다. 마치 옆으로 누워 있는 여인의 풍만한 누드 형상 같다. 사진작가의 예리한 눈길이라면 충분히 육감적인 여인의 몸매에 홀렸을 것이다. 정신없이 카메라 셔터를 눌러댔으리라. 또 다른 방향으로 본다. 오름의 두 봉우리가 젖이 불어 있는 봉긋한 젖가슴 같다. 외로움에 지친 작가는 이곳에서 포근한 엄마 품에 안긴 듯 편안함도 누렸는지도 모른다.

 밥벌이가 되지 않는 일에 매달려 영혼을 바치는 사람들이 많다. 보통 사람들은 그런 괴짜를 이해하지 못한다. 그들은 다른 이상을 위해 꿈꾼다. 그것을 위해 정신적 육체적 고통도 감수한다. 먼저 행동하지 않으면 꿈은 그냥 꿈일 뿐이다. 죽을 때까지 계속해야 이룰 수 있는 궁극의 목적이다. 열정으로 뭔가에 미쳐서 날뛰며 결국 원하는 이상을 이루어 낸다면 생애 최고의 행복이 되겠다. 그 순간을 누리지 못하고 기막힌 세월을 견뎌내다가는 육신이 지쳐 요절한다.

　그리 가파르지 않은 용눈이오름의 정상에 선다. 환상적인 풍광이 아득하게 펼쳐있다. 사방으로 탁 트인 곳들이 한눈에 들어온다. 멀리 보이는 한라산이 엄마라면 가까이 보이는 작은 오름들은 한라산의 어린 자식들이다. 오름들이 엄마의 치맛자락을 잡고 평화롭게 놀고 있는 듯 장관이다. 먼저 다녀왔던 성산 일출봉과 우도가 보인다. 멀리서 바라보니 경이롭기만 하다.

　용눈이오름에서 김영갑 작가의 시선을 탐닉한다. 순간 포착을 위해 치열하게 생을 살았던 곳이다. 그가 많이 걸었던 길을 따라 걷다 보면 행여 내 발이 작가의 발자국 위에 포개질지도 모른다. 어디쯤에서 카메라를 세우고 작품의 각도를 조절했을까. 외로움과 배고픔을 참아내며 순간포착을 기다렸던 자리는 어디쯤일까. 작품으로 잡아내었던 거친 바람은 지금은 어디에서 이리로 오고 있을까. 이곳저곳의 피사체가 되었을 풍경을 찾아 두리번거린다.

　한순간도 같은 풍경을 보여주지 않는 오름이다. 철 따라 조석으로, 방향과 날씨에 따라 달라진다. 변덕스러운 여자의 마음 같다. 그러기에 작가는 더욱 요사스러운 여인에 집착하듯 했나 보다. 놓칠까 하는 조바심도 있었을 게다. 원하는 순간을 잡으려는 다급한 마음에 숱한 애간장도 끓였으리라.

예술가의 곁에 있는 사람은 죽을 만큼 힘들 때가 있다. 그것을 그는 알고 있었을까. 오붓한 가정을 꾸리지도, 심지어 부모 형제의 사랑까지도 외면했다. 그에게 사진 찍기는 평을 받기 위한 것은 아니었다. 오직 작가의 삶의 반영이었을 뿐이다. 사진에 미친 그에게 세상과의 타협은 없었다. 소중한 생명의 시간도 소모했다. 그러니 당연히 모두가 젊은 나이에 떠난 그를 안타까워하며 슬퍼한다. 그는 제주도의 모든 것을 사랑했다. 특히 바람을. 그의 사진 속에 담긴 제주의 모든 풍경에는 바람 소리가 들린다. 그러기에 사람들은 김영갑 작품에 매혹당하는지도 모른다. 오래도록 그는 예술혼으로 살아서 내색할 것이다.

한때는 주어진 삶의 조건이 힘들어 느긋한 일상을 원했다. 이제 그런 일상이 주어졌건만 느긋함도 지나치니 습관이 된 듯하다. 한편에는 내 글에 시간을 축낸 게을렀던 물렁한 문장들이 여기저기 보인다. 자유로운 일상을 벗어나 애써보는 집착이 필요하다. 글쓰기에 매달리고 또 매달리려 한다. 오늘 용눈이오름에서 김영갑 작가의 포기 없는 정신을 배운다. 바람도 그런 생각이었을 것이다.

용눈이오름에는 작가의 인간적 고뇌와 예술혼이 머물고 있다. 풍경마다 절절하고 애틋하다. 오름길은 지금도 소소한 찬 기운을 느껴진다. 거친 제주 바람을 견뎌내느라 키를 키우지 못한 한 그루 작은 소나무를 본다. 저 나무도 작가의 몇 컷의 작품이 되었던 멋진 날들을 기억하고 있을까. 늦가을, 바람에 춤추었던 억새들도 이미 힘을 잃었다. 루게릭 병마로 야위어진 작가의 모습처럼 처연하게 보여 애잔하다. 겨울로 치달으며 슬슬 찬 기운을 풍겨낸다.

용눈이오름에 바람이 헤집고 지나간다. 그는 죽지 않았다. 바람으로 살아 있다. 그의 긴 머릿결이 야생마의 갈기처럼 바람에 휘날린다. 무거운 사진기를 어깨에 메고 오름의 등선 길로 걸어오고 있는 그가 보인다.

용눈이오름 바람 앞에 서서 한 컷의 피사체가 되어본다.

몸뻬바지

 옷장에서 옷을 꺼낸다. 거울에 비춰진 옷에 주목하지만 눈길은 세월이 지나간 흔적을 담은 얼굴에 멈춘다. 옛 모습을 기억하는 내 눈길이 슬며시 얼굴 아래로 피한다. 약간 늘어난 허리 사이즈가 조금은 답답하다. 그나마 박스 스타일 옷이라 불어난 몸매를 무난히 소화시켜줄 것 같다.
 빽빽하게 채워진 옷장을 정리했다. 언젠가 입겠지 하는 미련으로 옷걸이에 걸어둔 옷가지들이 손이 가지 않은 채 수년간 옷장을 채우고 있다. 이번만은 아쉬움을 접고 웬만한 것은 버리는 쪽으로 마음을 정했다.
 옷걸이가 옷 하나를 걸치고 있다. 검정 바탕에 가느다란 오색으로 체크무늬가 있는 몸뻬 옷이 어둠 속에서 돋보인다. 삼십 년이 넘는 동안 '한 번쯤' 주인이 입어주겠지 하는 기대로 옷장 깊숙한 곳에서 버티고 있는 중이다. 그리움 하나 끌어안고 있는 그 옷을 지켜보노라니 빛바랜 사진을 들춰보듯 마음이 아련해진다.

'사랑은 움직이는 거'라는 오래전 광고 문구가 생각난다. 옷 역시 그랬다. 한때 이 옷은 사람들의 시선을 듬뿍 받았지만 새 옷에 밀려 외면받았다. 그 후 세월을 달게 된 몸빼바지는 옷장 속에서 화려했던 날들을 회상하며 한번만이라도 주인이 더 입어주기를 기다렸다. 젊은 후궁의 투기에 밀려 궁궐 깊숙한 곳에서 찾아주지 않는 군왕을 하염없이 기다리는 중전마마 같은 신세랄까.

살다 보면 많은 사람과 만나고 헤어진다. 특별히 마음을 나누고 친밀감을 주는 사람이 있는가 하면, 왠지 외면하고 싶은 사람도 있다. 옷도 매한가지다. 몸과 마음을 편하게 해주는가 하면 왠지 어색하게 느껴지는 옷이 있다. 나는 단색만을 고집하는 편이지만 이 옷만은 오랫동안 즐겨 입었다.

한때 의상실을 경영했다. 70~80년대의 의상실은 호황을 누렸다. 보세 공장에서 남은 자투리 원단이 시장으로 흘러들어 왔다. 잘만 고르면 한국에서 생산되지 않는 이색적인 고급원단을 구매할 수가 있었다. 몇 감을 끊어와 단골손님들에게 어울리는 디자인으로 개성을 살려주기도 했다.

그날도 보세 가게로 발길을 돌렸다. 주문한 물품을 구매한 다음 색다른 원단이 있나 살펴보는데 검정 바탕에 가느다란 오색 체크무늬에 눈길이 끌렸다. 무작정 한 벌 감을 끊었다. 며칠을 두고 디자인을 구상해 봤다. 체크무늬가 화려하니 심플하게 복잡한 모양은 피하기로 정했다. 상의 목 부분을 밋밋한 원형으로 하고 몸통은 박스형으로 만들었다. 동화책에 나오는 '알라딘' 바지 스타일을 응용해 봤다. 노트에 스타일을 그려가는 동안 그것은 어릴 때 보았던 엄마의 일 바지를 닮아갔다.

엄마는 겨울만 되면 몸뻬바지를 입었다. 군복색 미군 담요로 만든 것인데 소재가 양모로 짐작되었다. 겨울 내내 엄마는 외롭고 추운 몸을 따뜻하게 해주는 카키색 몸뻬바지만 입었다. 엄마에게는 일 바지였다. 오랫동안 입어 낡아버렸건만 차마 버리지 못하고 여기저기 꿰매어 입었다. 군용 담요로 만든 바지를 입은 엄마는 궂은일을 가리지 않았다. 농사일은 물론 산에서 땔감을 구해 오기도 하고 물때가 되면 갯가에서 바지락을 캤다. 어린 사 남매를 지켜야 하는 버겁고 고달픈 청상의 엄마는 몸뻬바지를 아버지의 따뜻한 손길로 여겼을까. 십 년이 넘도록 그 옷만 입으면 한 가정을 지키는 씩씩한 가장으로 변했다.

외삼촌들의 권유로 부산으로 이사한 후로 엄마는 육신의 고통에서 벗어날 수 있었다. 엄마는 딸이 만들어주는 옷을 입고 친지들의 경조사에 자랑스럽게 입고 다녔지만 그 멋진 날들을 오래 즐기지 못하시고 돌아가셨다. 몸뻬바지가 엄마의 삶을 버티게 한 것처럼 현실에 지친 나를 지켜줄 무엇인가 필요했다.

 벨트 아래 앞뒤 양쪽 맞주름을 풍성하게 잡아 일하는데 편하게 만들었다. 바지 끝에는 리본 끈을 넣고 조여 움직이는데 불편함이 없도록 했다. 일주일 만에 옷이 마무리되었다. 엄마의 일 바지 스타일에 시대를 앞선 약간의 패션을 보태었다. 엄마의 옷이 환생되었다.

 그동안 나는 손님들이 구매 의욕을 높이도록 옷을 입었다. 처음으로 나만을 위해 디자인한 옷을 입었다. 상의는 바지 속으로 넣어 잘록한 허리를 강조했다. 파여진 목 부분에는 니트 소울을 자연스럽게 감아 멋스러움을 더했다. 바지 끝에 묶인 깜찍한 리본은 삼십대 초반 여인의 발랄함을 더해주었다. 엄마의 담요 바지를 응용한 몸뻬바지는 많은 사람의 시선을 끌었다.

 "어느 백화점에서 산 무슨 메이크예요?"

 사람들은 다가와 살펴보며 만져보기도 했다. 특이한 원단과 유행을 타지 않는 디자인으로 십 년 가까이 입었다. 언니 옷만 대물림해서 입혀주던 엄마에게 투정부리던 나는 의상실을 경영한 후로 멋진 옷만 입었다. 생전의 엄마는 어릴 적 한풀이를 한다며 새로운 차림을 볼 때마다 흡족해하셨다. 자신의 일 바지보다 패션에서 앞서가는 몸뻬바지를 입은 모습까지 보았다면 엄마는 얼마나 행복해했을까.

다시 거울 앞에 선다. 점점 나이 들면서 내 모습도 성격도 목소리까지 엄마를 닮아간다. 거울 앞 나의 모습이 엄마가 몸빼바지를 입고 서 있는 듯하다. 엄마도 아버지가 계셔서 느긋한 삶을 살았더라면 그 시절에 유행하는 멋진 옷을 계절에 맞게 즐겨 입었으리라 짐작된다.

옷을 옷장 맨 앞쪽에 다시 걸어둔다. 올해 찬바람이 부는 늦가을이 다가오면 마음까지 따뜻하게 해줄 몸빼바지를 입을 것이다. 바지 주머니에 손을 넣으면 따스한 엄마의 손도 잡힐 게다. 몸빼바지 계절이 기다려진다.

3부

청색 머플러
그립고 그립고 그립다
옷장 속 칸나
하얀 그림, 하얀 그리움
아귀
어디서 무엇이 되어 다시 만나랴
무면허 삼대
도다리를 추억하다
멈춰버린 손목시계
화가의 아내

청색 머플러

속절없이 젖어 든다. 눈앞에 펼쳐지는 청색 바다 빛에 가슴이 설렌다. 짙푸른 광활한 바다, 몰아치는 드센 파도가 활기차고 생동감을 준다.

전에는 색상 톤이 짙거나 그늘진 어두운색으로 은근한 세련미를 과시했다면, 요즘 사람들은 강렬하고 노골적인 색채에 과감하다. 이제는 세상살이가 여유롭고 밝아졌다는 의미일 테다. 업으로 했던 전직 탓인지, 아니면 늘 바라봤던 화가의 붓질하는 색들이 감각 속에 배어 있어서일까. 간혹 엉뚱한 컬러에 예민하게 다가갈 때가 있다.

사람이 나이가 들면 신체 변화는 쉽게 알 수 있지만, 마음의 변화는 쉬이 눈치채기 어렵다. 전에는 이러지 않았는데 한 번씩 톡톡 튀는 원색에 눈과 마음이 대책 없이 끌린다. 무심하게 지나쳤던 사찰의 단청에 넋을 빼앗기고, 오뉴월의 싱그러운 창윤한 초록에 빠져 발길을 멈추기도, 엉뚱하게도 빨강 수전에 홀린 적이 있다. 그런데 이번에는 한겨울 짙은 청색 바다 빛이 처음 보는 색인 듯 내 발목을 붙잡는다. 얼마나 깊고 차갑고 시리면 저처럼 오묘한 빛을 발할까.

나는 계절에 따라 변하는 바다색을 무척 좋아한다. 봄에는 청록색으로, 여름에는 에메랄드빛으로, 가을 바다는 깨끗하고 맑고 파랗다. 특히 거칠고 시린 겨울 바다는 늘 그리워한다. 물꽃을 하얗게 피우는 검푸른 파도가 보고 싶었다. 걸었던 코스 마지막 오름 정상에 섰을 때 눈앞에 마주한 유난히 짙은 청색 바다는 달라 보였다. 넋을 놓고 서 있었다.

바다라면 부산이다. 타지의 사람들은 바다에 둘러 있는 부산 여행을 꿈꾼다. 하지만 정작 부산에 살고 있는 나는, 하와이 와이키키 해변보다 더 매력 있다는 해운대나, 젊음이 북적대는 광안리, 낙조가 아름답다는 다대포를 찾아 노을을 즐길 여유가 없었다. 그랬던 나도 칠십 리 인생길을 걷다 보니 시간 여유가 주어졌다. 해외여행까지는 아니더라도, 바다를 곁으로 섬 여행은 종종 떠난다.

물살이 잔잔한 남쪽 바다는 어릴 적 놀이터였다. 남녀를 의식하지 못하는 예닐곱쯤의 또래들이다. 아직 입고 벗는 것에 대한 개념이 있을 수 없었다. 간혹 팬티를 입는 애들이 있기는 했지만 오로지 물장구 놀이가 즐겁기만 했다. 요즘 젊은 엄마들이라면 칠색 팔색을 할 일이다. 지금도 남자 친구들은 벌거숭이 어린 시절을 이야기하곤 한다. 우린 숨길 것도 없는 사이라고 그때를 떠올리며 통쾌하게 웃는다. 얕은 물가 말갛게 씻긴 자갈들은 밀려오는 잔파도에 어른거린다. 세상살이에 오염되지 않은 해맑았던 시절이 있고, 추억하는 안태고향이 있어 얼마나 다행인가. 어디서라도 바다 앞에 서게 되면 맑았던 그때의 나로 돌아간 듯하다.

내 아버지는 용감한 바다의 남자였다. 많은 어선과 어부들을 거느린 유능한 젊은 선주이자 선장이었다고 한다. 하지만 얼굴도 모습도 기억에 없으니 떠올릴 것도 없다. 그리워하고 추억할 일은 더더욱 없다. 친구들과 숨바꼭질할 때 숨어들었던 창고에는 아버지의 손길로 한가득 쌓아놓은 어망을 기억한다. 그물 사이에 몸을 숨겼을 때 맡았던 짠 냄새는 지금 돌이켜 생각하니 아버지 체취가 묻어 있던 유일한 아버지의 향이었다.

바다가 펼쳐 되뇌던 생동감 넘치는 파도를 바라보니 언뜻 엄마에게 들었던 아버지의 무용담이 한 토막 떠오른다. 어렸던 내가 뭔 소린지 알아듣기나 했을까. 다만 남편을 그리는 청상이 혼잣말로 대뇌이던 푸념이었을 것이다. 청색 바다에서 엄마의 슬픈 넋두리가 되살아난다.

아버지에게 바다는 삶을 건져 올리는 터전이었다. 아버지의 바다를 향한 책임감과 야망은 대단했던 것으로 짐작된다. 선원들을 지켜낼 크고 안전한 배가 필요했을 테다. 늘 만선으로 채울 꿈도 꾸었으리라. 아버지가 기어이 일본에서 어선을 사서 돌아왔다고 했다. 배는 컸지만, 망망대해에서는 동동 떠다니는 한낱 가랑잎 같았을 터. 두려움도 외로움도 쓸쓸함도 견뎌내야 했다. 거친 파도를 헤치며 방향을 잡아 대한해협 바닷길을 달렸을 것이다. 대단하고 용감했던 젊은 선장이 바로 내 아버지였다.

 철이 들면서 아버지가 없다는 사실이 서러웠다. 어린 자식들을 건사해야 했던 청상의 얄궂은 삶에도, 떠난 남편을 원망하거나 탓한 적이 단 한 번도 없었다. 다만 젊은 남편이 펼쳐낼 큰 꿈들이 상실된 아쉬움과 안타까움만 한숨으로 토해냈을 뿐이다.

 시린 바다를 보는 순간 마음이 아리고 울컥했다. 거칠게 출렁이는 바다는 내 아버지의 바다였다. 이제야 그리워지는 아버지. 무심히 바라만 보던 바다. 내가 품어야 할 내 아버지의 바다다. 죽고 사는 것이 사람의 운명인 것을, 일찍 버리고 떠났다고 원망했던 마음이 사라진다. 그 순간부터 기억에 없는 아버지가 그리움의 색이 되어 마음 깊은 곳에 담긴다. 저 색에 흠뻑 물들이고 싶다. 오직 내 것으로, 내 품 안으로 끌어들이고 싶어졌다.

 여행에서 돌아온 다음날부터 청색 머플러를 찾아 나섰다. 꼭 닮은 색이어야 했다. 당상봉 정상에서 바라봤던 그 바다의 빛을 찾기란 쉽지 않았다. 포기할 수가 없었다. 집착은 더해

갔다. 며칠 만이다. 머플러 전문 매장에서 유일하게 닮은 청색 머플러를 기어이 찾고 말았다. 찾았다는 안도감 때문일까. 꿈속인 듯 내 얼굴에는 하얀 물꽃이 피듯 미소가 번져간다.

청색에 끌렸던 내 예감은 다르지 않았다. 브랜드 매장마다 늘씬한 마네킹이 짙푸른 옷을 차려입고 고객들의 눈길을 잡고 있었다. 한참을 바라보고 섰다. 광활한 바다, 생동감 넘치는 짙푸른 파도가 밀려왔다 밀려간다.

바다가 그리워서 떠나고 싶은 날이 있다. 그런 날에는 청색 머플러를 두른다. 색이 주는 냉정함도 차가움도 없다. 나만이 느끼는 따뜻하고 포근함이 온몸으로 전해진다. 자식 중 나를 가장 예뻐했다는 아버지의 마음이 이랬을까. 팔레트에 묻어나는 순청빛 그리움처럼, 내 아버지의 색이라서 그런가.

그립고 그립고 그립다

 가을로 접어든다. 그리움도 시골 감나무의 홍시처럼 익어 가는 계절이다. 한결 높아진 하늘에서는 구름이 여러 가지 그림을 만들며 흘러간다. 나뭇잎은 아직도 초록인데 길섶 억새는 벌써 가을을 맞이하는 꽃을 피우기 시작한다. 이제 시시각각으로 풍경은 가을빛으로 짙어갈 것이다.
 거실 벽에 걸린 해바라기에도 가을이 영글고 있다. 남편이 그린 그림이다. 나는 혼자 남겨져, 해바라기 그림을 바라보며 그리움에 젖어든다. 꽃이 태양을 닮아있고 하염없이 태양을 바라보므로 '해바라기'란 이름이 붙여졌다는 꽃말이 그러하듯이 시도 때도 없이 바라보는 그림은 나에게는 그리움이다.
 요즘의 해바라기는 개량품종으로 꽃송이가 작고 키도 작다. 그림의 작품 소재로서 뭔가 부족하다는 아들의 푸념을 종종 듣는다. 내가 어린 시절 시골에는 집집마다 해바라기가 담 너머를 내려다봤다. 큰 얼굴을 살짝 내밀고 세상 구경하는 고개를 숙인 해바라기는 시골 풍경에서 빠질 수 없다. 해바라기 씨가 까맣게 영글어 머리가 무거워 고개를 푹 숙일 쯤이면 친구와 담벼락에 쪼그리고 앉아 해바라기 씨를 까먹었다. 그 계절 맛이 참 고소했다. 부산으로 이사와 살면서 어쩌다 해바라기를 보긴 했지만 크고 노란 꽃 머리를 흔하게 보지 못했다. 제대로 가을을 만나지 못했던 내게 가을꽃은 코스모스나 국화꽃이 아니다. 노란 얼굴을 내민 해바라기다.

함안 강주마을에 해바라기 축제가 열린다는 소식을 접했다. 그곳 마을의 꽃송이는 토종이어서 엄청나게 크다고 했다. 끝이 보이지 않는 넓은 부지에 해바라기 꽃밭을 조성하여 관광객을 불러 모으는 9월 대낮의 햇볕은 얼마나 더 따가울까.

해바라기 맞이길을 나섰다. 들판의 벼들은 노랗게 물들어 고개를 숙이고 있다. 길옆 코스모스도 나름대로 하늘거린다. 눈앞에 펼쳐져 스치는 차창 풍경들은 그냥 아름답다. 자연은 어느 능력 있는 인간이라도 겨눌 수 없는 솜씨 좋은 예술가다. 벼 이삭만으로도 아름다운 계절을 만들어내니 말이다. 아무런 흥미도 희망도 느끼지 못한 나조차 무언가 아름다운 생을 채우고 싶다는 의식이 슬며시 솟아오른다. 그래서 사람들도 여행을 떠나게 되나 보다.

강주마을은 함안에서도 한 시간 반이나 더 걸리는 곳에 있다. 초행의 시골길을 찾아가기란 여간 힘든 게 아니지만 차창 밖 눈길 가는 곳마다 독특한 풍경이 있어 심심하지 않다. 마치 액자 속 그림이 밖으로 나온 듯한 풍경에 빠져 있을 무렵 차는 강주마을 정류장에 도착했다.

작은 마을이 해바라기꽃 축제로 들썩이고 있다. 마주 보이는 언덕에는 해바라기의 노란 물결이 끝없이 일렁이고 있다. 곳곳에서 모여든 사람들이 해바라기 숲을 향해 지그재그 언덕길을 줄지어 올라가고 있다. 갖가지 색깔의 복장을 한 사람들이 마치 해바라기 그루로 보인다. 흥은 무리지어야 하는 법, 관광객들 속에 섞여 천천히 언덕을 올랐다.

언덕배기에는 바람에 날린 노란 물결이 일렁인다. 이국의 풍경을 보는 듯하다. 누가 가르친 것도 아니건만 해바라기 줄기가 같은 방향으로 서 있다. 태양만 바라보는 꽃으로만 알았는데 오지 않는 그리운 이를 하염없이 기다리고 있는 애절한 모습 같아 마음에 슬픔이 인다. 구경 온 사람들이 저마다 추억을 남기느라 연신 카메라를 들이대며 밭 속으로 파고든다.

해바라기라면 고흐의 그림을 떠올린다. 꿈을 추구하는 태양의 색이라고 생각했던 고흐는 노란색에 대하여 강렬한 열정을 가지고 있었다. 고흐에게 해바라기는 뜨겁고 격정적인 감정을 대변하는 영혼이 있다. 그것을 그리는 것이 유일한 희망과 기쁨이므로 그는 회오리치듯 꿈틀거리는 힘으로 붓질을 해댔다. 그 열정이 있어 고흐는 생전에는 인정받지 못했지만 현대미술의 토대를 형성하는데 빼놓을 수 없는 화가가 되었다.

  남편도 해바라기를 소재로 여러 작품을 그렸다. 그의 작품에 그려진 해바라기는 노란 꽃잎을 떨어내는 완숙기가 지난 늙은 해바라기다. 노란 꽃잎을 떨구고 씨앗을 까맣게 채워 목이 무거워 고개를 숙인 그림이 대부분이다. 터치와 색은 완전히 그의 기법으로 표현되어 있다. 해바라기가 그의 예술혼을 지켜내고 있듯이 그의 생애도 해바라기 속에 살아 있다. 그런 생각은 나의 그리움 때문이라 해도 어쩔 수 없다.

  해바라기 숲에 서 있는 아들은 자신이 원하는 작품 구도를 잡아보느라 분주하다. 아들도 아버지와 다른 기법으로 누군가의 마음에 울림을 주는 태양의 꽃을 그려내기를 바란다. '님이 그리워 자꾸만 자꾸만 얼굴만 크게 만들고 있다.'는 어느 시인의 시구절처럼 강주마을 언덕에 피어 있는 해바라기는 아직도 뜨거운 태양을 받으며 한 사람을 기다리고 있다. 해바라기는 분명 그리움으로 키를 키웠으리라 여겨진다.

  지금 나는 거실에 앉아 캔버스 속 해바라기 그림과 마주하고 있다. 그림 속의 해바라기꽃들은 그와 함께 행복했던 즐거운 한때를 보여주듯 노란 꽃잎이 미소처럼 화사하다. 말없이 캔버스와 팔레트를 오고가던 그의 손길만 안개 속처럼 뿌옇게 흐려진다.

  오늘따라 그 해바라기 화가가 더욱더 그립고 그리운 날이다.

옷장 속 칸나

 복합 패션 매장을 둘러본다. 패션을 살피는 외출은 이전 직장에서 다룬 옷의 색상이며 디자인 감각을 유지하려는 내 습관이다. 매장 입구부터 시선을 끄는 코너마다 빨간색과 코발트블루의 옷들이 전시되어 있다. 이런 매장만 보아도 올해는 강렬한 단색이 유행인 걸 알게 된다.
 어느 코너에 발길이 닿는 순간 치마에 눈길이 잡혔다. 장미덩굴 빛보다 더 맑고 밝은 아사 소재의 치마가 나팔꽃 모양으로 플레어가 넓게 퍼져 있다. 허리선에 잔주름이 넣어져 입으면 발목까지 치렁치렁 감아줄 만큼 화려한 모양이다. 예전에는 소재와 디자인에 관심이 갔지만 요즈음에는 붉은빛 색조에 가슴이 흔들린다. 한참 제자리에 섰다가 발길을 돌려 다른 코너에 걸린 옷을 보아도 시선은 자꾸만 치마 쪽으로 되돌아선다. 플라멩코 춤을 추는 스페인 무희의 붉고 날씬한 모습이랄까, 걷잡을 수 없는 첫사랑의 마음이 저럴까. 그것보다는 불타는 8월의 태양을 품어버린 칸나꽃이 떠오른다. 언제 저런 열정 같은 생이 내게 있었나 싶도록 홀린 마음이 대책 없이 끌려간다.

 동물의 세계에서도 빨간색은 자극적이다. 암컷의 몸이 선홍빛 앵두색이 나타나면 생식력이 높아지는 시기라고 한다. 도롯가에 즐비했던 허름한 술집은 검은 기운이 담긴 장미색 홍등을 걸어 지나가는 남자들을 끌어들였다. 그렇지만 남자들은 붉으면서 흰빛처럼 맑은 색감이 도는 붉은색에 더 매력을 느낀다는 연구 결과가 있다. 그런 색조를 가진 게 칸나라는 생각이 든다. 어쨌거나 지금 내 관심은 칸나 같은 붉은색에 있다.

 문인이신 교수님은 퇴직쯤에서 몇 권의 책을 출간했다. 첫 장을 넘기려는 순간 빨간 셔츠를 입은 모습이 눈에 확 들어온다. 이미지 사진이다. 직분에 쉬 선택할 수 없는 옷을 입으셨다. 붉은 치마 앞에서 망설이는 나와는 다르다. 교수님은 정열적인 옷의 선택도, 문학의 열정도 거침이 없으시다.

 요즘 패션에는 연령 파괴가 끝이 없다. 남녀 구별도 없다. 어린 나이에 지나치게 성숙한 옷차림을 한 학생이 보이는가 하면 나이 든 여성들이 젊게 보이려 일부러 눈에 띄는 옷을 입는다. 어색하고 불편해 보이지만 그런 시선과 상관없이 중년 여성들은 화려한 차림을 즐긴다. 옛날 같으면 주책없다 했지만 요즘에는 대담하고 세련되었다고 말한다. 여자가 빨간색을 좋아하면 나이가 들었다는 증거라는 우스개가 있지만 무슨 조화인지 오늘 나는 빨간색에 홀려 버렸다. 나이를 먹을 만큼 먹었건만 나에게 이런 반응이 일어나리라는 생각은 못 했다.

상상 코디를 해본다. 붉은 치마에 디자인이 단출한 브이넥 검은 상의를 입는다. 검은색에 눌려 붉은 색기가 조금 죽는 느낌이다. 이번에는 치마와 같은 소재의 흰 블라우스를 매치시켜 본다. 화사한 흰색에 질세라 치마의 붉은색이 야한 기운을 드러낸다. 아래위로 화려한 컬러가 팽팽하게 맞서는 구도이다. 어디서든 눈에 쉬 띌 것 같다. 옷을 입은 내 모습을 그려 보지만 아닌 듯하다.

요란한 나염이나 튀는 컬러에는 관심이 없다. 옷장에 걸려 있는 옷 대부분이 검정이고 여름이면 주로 흰옷으로 입는다. 어쩌다 한 번쯤 다른 색으로 변신해 보지만 입었을 때 단출하고 깔끔한 느낌을 주는 검은색이나 흰색으로 갈아입게 된다.

유월이면 내가 자랐던 고향 마을 큰집 담장 밑에서 빨간 앵두가 탐스럽게 익었다. 하얀 앵두꽃이 빨간 열매로 익어 가면 사촌 동생과 공모하여 어른들 몰래 앵두를 땄다. 흰 치마 앞자락에 붉은 앵두 알이 가득 차면 내 얼굴도 붉게 물들었다. 뒤란에 숨어 몰래 먹은 열매도 맛보다 색깔이 오래 기억되었다.

그해도 앵두가 익을 때였다. 건넛집 예뻤던 자야 언니가 유행가 가사처럼 물동이와 호미 자루를 보리밭 이랑에다 내팽개

옷장 속 칸나 **123**

첬다. 고달픈 섬 생활을 벗어나려고 보따리를 싸 들고 야반도주를 했다. 우물가에 물 길어 나온 동네 아줌마들의 입으로 퍼져나간 자야 언니의 소문은 그해의 앵두가 더 이상 열리지 않을 때까지 무성했다. 그런 기억이 남아서일까, 유난히 빨간 앵두색은 내게 무의식적인 그리움이 되었다.

　화사한 색깔의 옷을 전혀 입지 않는 것은 아니다. 일주일 몇 차례 산에 오를 때는 좋아하는 색깔의 옷을 입는다. 계절마다 숲의 색과 함께하려는 나는 누구의 눈길도 의식하지 않는다. 봄이 시작되면 연초록 긴 사파리를 입고, 봄꽃이 절정일 때는 화사한 노란 잠바 스타일을 입는다. 해수욕장이 간절해지면 코발트블루 민소매가 좋아진다. 시원하게 보여서 좋다. 가을이면 단풍잎을 닮고 싶다. 눈발이 성글게 내리는 겨울은 따뜻한 느낌을 주는 빨간색 오리털 파카를 입는다. 칼바람이 불어도 그 포근함이 나를 감싸준다. 그러나 시내로 외출할 때는 화이트나 블랙을 주로 입는다. 매번 군때가 묻을까 봐 여간 조심스럽지가 않다.

　빨간색 옷을 살피면서 색채에만 관심을 갖는다고 속으로 말해본다. 그런 마음과 달리 빨간 치마를 입고 있는 마네킹 앞에 이미 몸이 다가서 있다. 해가 막힘없이 비치는 날, 마음이 내키면 한 번쯤 입어볼 요량으로 거부하지 못한 척 카드를 꺼낸다. 흑백적의 삼색이 어울리면 내 패션 감각이 여전하다는 걸 알 거야. 평소 붉은 옷을 입지 않는 내가 느닷없이 빨간색에 끌린

이유는 바로 그것이야, 라고 다짐해본다.

　이미 몇 차례다. 닫았던 옷장 문을 다시 열고 빨간 치마를 손으로 만져본다. 붉은 색감이 빈틈없이 번진 예술 작품인 듯하다. 화가인 아들이 펼치는 개인전 오픈식에 입어보리라 마음을 정해본다. 검고 흰옷을 평소 입더니 대담하게 변한 엄마의 차림에 아들이 당황할지 모른다. 혹여 갤러리에 내방하는 분들에게 엄마로서 품위가 없어 보일까. 조금씩 조심스러워지면서 마음 한구석이 무너진다. 부담 없는 친구 모임에 입을까 하지만 지금으로는 자신이 없다.

　빨간 치마를 입고 전신거울 앞에 선다. 아름다운 여인을 조각한 피그말리온이 그 여인상을 진심으로 사랑하듯이, 한 여인이 붉은 치마를 입은 거울 속 또 다른 여자를 감상한다. 다시 옷을 벗어 걸어둔다.

　붉디붉은 칸나꽃이 옷장 속에서만 강렬하게 피어난다.

하얀 그림, 하얀 그리움

 큰아버지가 어린 토끼 두 마리를 안겨주었다. 털이 복슬복슬한 조그마한 솜덩이 같았다. 하얀 털 뭉치에 박혀 있는 빨간 두 눈이 루비처럼 예뻤다.
 나는 하얀색을 좋아한다. 하얀 눈이 좋고, 몽실몽실 피어오르는 하얀 구름이, 그리고 정갈한 흰빛 옷을 좋아한다. 하얀색처럼 내 삶도 맑고 깨끗하기만을 원했지만, 원하는 대로 살아낼 수 없는 것이 세상살이다. 살다 보면 진흙탕에 빠져 허우적거릴 때가 어디 한두 번이었던가. 그래도 맑았던 어린 시절만은 백색 도화지에 그려놓았던 그림처럼 아련하다.
 토끼를 돌보는 일이 온전히 내 몫이었다. 무청이나 배춧잎, 고구마잎, 씀바귀, 칡잎, 아카시아잎 등은 토끼가 가장 좋아하고 맛있게 먹는다. 아침 등교 전에 먹이를 챙겨주고, 다녀오면 큰 바구니를 들고 다시 먹이를 찾아 들을 헤매고 다녔다. 우리를 청소하고, 마른 짚을 깔아주는 것도 내가 해야 할 일이었다. 토끼를 돌보는 일이 어린 내가 감당하기에는 힘에 부치고 버겁기도 하련만, 돌출된 두 개의 앞니로 아작아작 먹어대는 귀엽고 예쁜 모습에 힘든 줄을 몰랐다. 오죽하면 사람들이 어린 아기를 보며 '토끼 같은 자식'이라 비유했을까. 마냥 사랑스럽고 예쁘기만 했다.

 토끼는 다산의 상징처럼 번식력이 대단했다. 요즘 우리나라가 저출산으로 심각해진 인구 정책과 반비례가 되는 토끼의 출산이다. 옛날 가난했던 시절에도 건넛집이나 옆집, 윗집과 아랫집에는 보통 여섯 여덟 명, 심지어 열두 명의 자녀들을 낳았다. 우리 엄마도 아버지가 일찍 돌아가시지 않았다면 아마도 형제들 몇 명은 더 보태었지 싶다.

 개체수가 늘어나니 요즘 짓는 아파트 높이처럼 토끼집도 층을 높여야 했다. 집을 짓는 목재라야 자투리 나무판자를 주워와 엄마의 어설픈 못질로 덧붙였으니 엉성하기 그지없었다. 그 틈새로 종종 작은 토끼가 추락했다.

 엄마는 떨어져 죽은 토끼를 잘 손질했다. 손질한 토끼는 약병아리보다 작았으니 크기는 말할 것도 없다. 텃밭에서 실하게 키운 왕마늘을 토끼 몸체보다 몇 배의 양을 넣어 가마솥에 푹 고았다. 순전히 마늘을 고운 셈이다. 그것은 언제나 병치레가 잦은 내 몫이었다. 먹을 때마다 쫀득한 고기 맛은 전혀 없고

진한 마늘 맛이 전부여서 어린 내가 먹기에는 역하고 거슬렸다. 억지로 먹어야 했던 고통은 질식할 정도였다.

토실토실한 암탉에 생삼을 넣어 푹 끓이기도 했다. 뽀얀 국물에 노란 기름이 동동 뜨는 구수한 닭곰은 방학이면 객지에서 집으로 오는 장남인 오빠 몫이었다. 남편이 짧은 생을 마쳤으니, 아들의 긴 수명을 바랐던 엄마의 간절함이었다. 엄마는 먹음직한 닭다리를 바라보는 어린 자식들에게는 살 한 점 허락하지 않았다. 그래도 언니는 장녀라고 살집 많은 묵직한 토끼를 잡아 산삼보다 약성이 좋다는 담장 밑에 족히 몇십 년 묵은 더덕을 캐어 넣었다. 생각해 보면 엄마의 자식 차별은 이뿐만 아니었다.

어린 생각으로도 나는 분명히 엄마에게 차별받는 딸이었다. 더구나 순자네 아저씨는 볼 때마다 영도다리 밑에서 주워 온 아이라고 놀리며 나를 울렸다. 그래도 동네 또래 중에 똘똘하기로 인정을 받은 내가 아닌가. 차별할 거면 왜 주워 왔느냐고 마늘 맛 토끼고기는 싫다고 엄마에게 조목조목 야무지게 따지다가 등짝만 세게 맞았다. 마늘이 얼마나 사람 몸에 이로운데, 어디서 얻어들은 마늘 효능만 잔뜩 강조하였다.

엄마도 여린 여자다. 젊은 여자가 토끼 손질하기가 쉽기만 했을까. 자식 건강을 위한 일이라면 가리는 일이 없었고 늘 씩씩해야 했다. 등짝을 얻어맞고 귀에 익은 엄마의 굿은 팔자타령 레퍼토리를 들은 후에야 훌쩍이며 꾸역꾸역 토끼 국을 먹었다. 지금 적잖은 나이에 이만큼 건강을 유지하는 비결은 아마도 그때 엄마가 우겼던 마늘 곰 효능 덕분이지 싶다.

나는 하얀 토끼가 순하고 착한 동물로만 여겼다. 짖지도 않고, 거칠게 싸우지도 않는다. 주는 대로 잘 먹고 잘 놀고 조용하다. 하얀 털이 깨끗해서 더 순하게 보였는지도 모른다.

며칠 동안 토끼가 제 몸에 털을 뽑아 입에 물고 다니더니 지푸라기와 섞어 새끼집을 지었다. 그 속에 엄지손가락만 한 핑크빛 여섯 마리 새끼를 낳았다. 새끼를 낳았으니 더 맛있는 먹이를 구해 와 어미 토끼를 알뜰하게 챙겨주었다. 먹이를 줄 때마다 꼬물거리는 새끼들을 확인해 보곤 했다. 그런데 자고 나면 새끼가 한 마리씩 사라졌다. 혹시나 쥐가 물고 갔을까, 아니면 족제비가 의심되었다. 그러나 제일 심증이 가는 녀석은 고양이였다. 쥐를 잡아 오는 것은 물론이고 심지어 논둑에서 개구리까지 물고 왔으니 당연히 의심할 수밖에. 괘씸했다. 빗자루를 들고 고양이를 쫓아다녔다.

다음날 아침이다. 토끼 먹이를 주려다가 기절초풍했다. 어미 토끼가 제 새끼 머리는 이미 다 먹어 치우고 남은 불그스레한 몸통을 입에 물고 있었다. 이럴 수가. 어질고 순하고 착하게만 여겼던 토끼가 제 새끼를 잡아먹다니. 짐승도 제 새끼는 예뻐한다는 말이 있는데, 아니었다. 하얀 털에 가려진 토끼의 잔인성을 보았다. 다시 보니 루비처럼 예쁘게만 보였던 빨간 눈이 살기로 섬뜩했다.

그러고 보니 애먼 죄 없는 고양이를 얼마나 구박하고 모질게 굴었던가. 말을 할 수 없으니 누명 쓴 고양이는 또 얼마나 억울하고 분했을꼬. 구실을 만든 과실이 컸다. 이래서 도둑은 죄가 없다고 말하게 되나 보다.

악랄함을 목격한 그 순간부터 토끼에게 오만 정이 다 떨어져 버렸다. 이후로 지금까지 토끼를 보면 살갑지도 그리 예쁘지도 않아서 슬쩍 눈을 피한다. 그래도 하얀 애완견에 빠져 오랫동안 길렀으니, 하얀색만은 변함없이 좋아한다.

이제는 무심한 시간 속에 떠올려보는, 하얀 스케치북에 그려놓은 한 장의 그림 같은 하얀 그리움이 되었다.

아귀

 모양새로 치자면 이보다 못생긴 물고기가 있을까 싶다. 옛날이나 지금도 겉보기로 평가를 받는 경우가 허다하다. 입과 머리가 크고 모양이 험상궂게 생겨 생선 취급도 못 받았다. 오죽하면 바다의 추남, 외계인, 바다의 악마 등 온갖 못난 별명은 다 갖고 있을까. 어부들이 하찮게 여긴 천덕꾸러기 어종이었다. 불교에서는 욕심 많은 사람이 사후에 떨어져 된다는 귀신에게 아귀라는 이름이 붙여졌다. 아귀 입장에서 보면 억울하기 이를 데가 없다.

 하지만 맛은 흉측한 모습과는 완전히 다르다. 아삭한 콩나물과 싱그러운 미나리 향을 곁들여 매콤하게 만들어진 아귀찜이다. 누구라도 한번 맛보게 되면 입안에 감겨오는 감칠맛에 다시 먹고 싶을 것이다. 별 양념을 넣지 않고 미나리 숭덩 썰어 넣은 맑은 탕도 속을 시원하고 개운하게 한다. 입맛을 같이하는 까다로울 것 없는 친구들과 어울려 먹기에는 아귀찜만 한 음식도 없을 듯싶다. 무엇보다 푸짐하게 담겨 나오는 넉넉함에 식욕은 늘고 덩달아 기분까지 좋아진다. 막걸리 한 잔과 더불어 먹는 맛이야말로 둘도 없는 최고의 요리라 여긴다.

어느 텔레비전 프로그램에서 아귀가 건강에 특별하다는 방송을 했다. 성인병을 예방하고 콜라겐이 풍부하여 노화 방지, 치아 건강과 시력이 좋아지게 도움을 준다는 것이다. 늘씬한 몸매와 탱탱한 피부를 원하는 예민해진 여자들의 욕망을 부추긴다. 쫀득한 식감에 질리지 않는 맛에 반하게 되면 몸매와 상관없이 아귀찜 맛에 빠져들게 된다. 그러니 요즘 귀하디귀한 대접을 받는 어종으로 신분 상승을 하였다.

바다가 삶의 터전인 섬에서 태어났다. 알고 보니 도시에서는 아귀라 부르지만 고향 사람들은 오래전부터 유난히 입이 큰 생선이라 해서 아구라 불렀다. 어린 시절 언니와 다투게 되면 언니는 입 큰 아구라 놀리며 나를 울렸다. 그때부터 여자는 자고로 입이 작아야 예쁜 것으로 알았다. 오죽하면 미인을 칭할 때 제일 먼저 앵두 같은 입술이라 말을 할까. 나는 예쁜 축에도 낄 수 없는 입이 큰 아이로 성장하면서 여자라면 당연해야 하는 미모에는 별 관심을 두지 않았다.

오래전 남편의 화실에 들렀다. 웬일인지 그는 내 초상화를 그리고 있었다. 실제 나를 모델로 세우고 그리는 것이 아니라 그동안 자신의 눈과 마음에 담아놓은 내 모습을 그리고 있었다. 평소에는 속내를 털어내지 않는다. 그가 그날 캔버스에 스케치해놓은 얼굴에 막 붓으로 물감을 덧칠하며 들려준 말을 잊지 못한다. 처음 나를 마주한 날 가지런한 이를 살짝 드러내며 짓는 미소에 눈을 뗄 수가 없었다고 했다. 그런 이유였던가, 처음 본 날 그의 얼굴에는 내내 잔잔한 미소가 떠나질 않았다. 그리고 성형외과 의사들도 기본으로 데생 공부를 해야 한다는 논리까지 펼쳐내었다. 정확하게 데생을 익히게 되면 얼굴 한 부분을 너무 과하지 않고 자연스럽게 균형이 잡힌 조화로운 성형 미인을 만들 것이라고도 했다.

남녀가 사랑에 빠지게 되면 남에게는 약점으로 보이는 것도 매력으로 보게 된다. 그런 사람을 빗대어 제 눈에 안경이라 말하기도 하고 눈에 콩깍지가 씌었다고 한다. 두 눈을 똑바로 뜨고 봐도 정확한 판단은 어렵다. 지금은 자식을 둘씩이나 낳고 사는 부부다. 그가 입 큰 내 약점까지 매력으로 보았다는 것인지. 만약 남편의 눈에 콩깍지가 씌어 물불을 못 가리는 상태였다 해도 이제는 콩깍지가 벗어질 때가 되었지 싶다. 그러나 한결같은 태도를 보면 그의 말에 진정한 진심이 느껴지기는 한다.

남편은 정확한 데생으로 독특한 인물화를 그려낸다는 평을 받았다. 과묵해서 절대로 허투루 말을 하는 사람도 아니었다. 진심으로 그가 내 미소에 마음이 끌렸다고 했었다. 집으로 돌아와서 거울 앞에 섰다. 어색하지 않게 살짝 미소를 지어봤다. 하얀 아래윗니가 가지런하다. 그러고 보니 거울 속 내 입은 언니가 말했던 못생긴 아구 입이 아니었다. 약간의 사각턱인 내 얼굴에 딱 어울리는 크기로 미소를 짓고 있다. 만약 내가 원했던 앵두같이 작은 입이었다면 아마 나는 입은 작고 턱이 넓적한 가오리 얼굴이 되었을 것이다. 그랬다면 언니는 틀림없이 넙덕이 가오리라고 놀렸을 테고 남편은 처음 나를 보았을 때 가지런한 이를 살짝 드러내며 짓는 미소를 보지는 못했을 것이다.

홍조를 띤 미인 같은 예쁜 도미나, 날씬하게 쭉 빠진 민어와 노르스름하게 살이 통통한 조기는 제사상에 오르기도 하고 늘 귀한 대접을 받는다. 일품으로 치는 조기는 명절 때마다 백화점에서 비싼 값으로 한순간에 매진된다고 한다. 이 생선들은 잘생기기도 하지만 맛 또한 좋아서 인정받는 고급 생선이다. 사람들은 그런 이유 때문인지 더 귀하게 여긴다. 아귀도 한때는 작은 물고기들을 공포로 떨게 했던 바다의 포식자로 군림했다. 어쩌다 어부의 그물에 걸려 와서 사람들에게 어느 한 부분도 버릴 게 없는 부드럽고 쫀득한 식감으로 순순히 한 몸을 바친다.

잘 차려입은 사람이 시선을 끌듯 음식도 그렇다. 모양을 내어 깔끔하고 고급스럽게 담아내는 음식은 보기에도 좋다. 그러나 화려한 음식은 낯설고 입안에서 편안하지를 않다. 만약 아귀찜도 적은 양으로 고급스러운 티를 내었다면 내 식욕은 분명히 떨어졌을 것이다. 푸짐하고 맛깔스럽게 담아낸 음식 앞에 무너지는 내 식성이다.

  오래 사귀다 보면 겉과 달리 은근하게 느껴지는 사람이 있다. 그런 인연이라면 초겨울 바람 소리가 가슴 안으로 시리게 스며드는 날, 마음마저 넉넉하게 채워주는 입맛 당기는 아귀찜을 앞에 두고 싶다.

어디서 무엇이 되어 다시 만나랴

　부산에서 전시하는 '한국 근대 회화' 전시회를 관람하러 갔다. 간혹 미술 전문지에서나 보았던 명작들을 감상할 수 있다. 화가인 아들에게는 유명 작가의 그림이 또 다른 창작의 영감을 얻을 수 있는 기회이기도 하다.
　제1전시장에 들어선다. 오랜 옛사랑을 만난 듯 그림 앞에선 나는 흥분되기 시작했다. 다른 작가들에 비해 유달리 모작模作에 힘싸였던 여류 화가 천경자가 거기 있었다. 꽃과 영혼의 화가, 꽃 모자를 눌러쓰고 있는 작가를 닮은 듯한 '길례 언니' 작품이 걸려 있다. 열정의 화가 이중섭. 그가 즐겨 그렸던 것은 일본에 두고 온 가족과, 우직한 한우였다. 가장 한국적인 화가 박수근 그림을 감상한다는 건 진정 감동이다. 더구나 남편의 우상偶像이기도 했다. 지금까지 최고의 가치로 평가받고 있는

'빨래터'에서 촌부들의 소박한 삶을 만난다.

200호 그림 앞에서 숨이 멎었다. 거대한 화폭 가득 무수히 많은 점이 마치 모래를 흩뿌린 듯 촘촘히 퍼져 있다. 그림은 모더니즘 화가 김환기 작 〈어디서 무엇이 되어 다시 만나랴〉이다. 점화다. 짙은 푸른색에 작은 점들은 결코 차갑지도 않다. 별빛이 부유하는 밤하늘의 풍경이다. 화면 안에 희미한 하얀 곡선은 신비로운 작은 우주 같기도 하다. 작가의 전면 점화를 보고 있노라니 독창적인 저 그림을 그리기까지 화가의 고통이 느껴져 외면할 수 없는 아픔이 아련하게 사무쳐온다. 그림은 고요하다. 작품이 감동을 주고 나아가 화단에서 높은 평가로 인정받는 것에 화가 가족을 둔 나에게는 부러움이 앞선다.

예전에는 추상화를 관람하면서 근성으로 지나쳤다. 관점에 따라 평가도 다를뿐더러, 짧은 식견으로 도무지 해독 불능이었다. 하지만 이 작품은 달랐다. 색채를 단순화시킴으로써 강렬한 인상을 남겼다. 김환기 화백이 70년대 전국 미술 대전에서 대상을 수상했던 〈어디서 무엇이 되어 다시 만나랴!〉에 반복적으로 찍은 점 하나하나는 사물의 형상을 지우고 미세한 점들로 빛의 울림을 강조한 추상화이다. 맛으로 치면 담백하다고나 할까. 하늘과 바다, 영롱한 별들이 화면 전체를 채웠다.

푸른 단색의 점화는 어디에 시선을 두어도 안온하게 느껴진다. 자유로운 평면에 은은한 그림이다. 뉴욕에서 활동을 하던 그는 도시의 화려한 야경을 바라보며 고향의 바다와 그리운 사람들의 얼굴이 떠오를 때마다 화폭에 하나의 점과 그리움을 그려 넣었을 것이다. 영혼에 불을 지피고 인고의 세월로 다져낸 작품은 그 무엇으로도 대신할 수 없는지도 모른다.

옛날이나 현재에도 예술가들의 생활고는 대부분 고달프기만 하다. 그 역시 다르지는 않았으리라 짐작된다. 분신 같은 그림이 최고의 예술 작품으로 인정받으며 최고의 경매가로 낙찰된 사실을 저승에서 접했다면 그는 매우 행복해할까? 아니면 살아서 예술의 가치를 누려보지 못한 아쉬움에 헛헛해할까? 하지만 그의 말을 들을 수 없으니 '인생은 짧고 예술은 길다'라는 명언이 실감나게 한다.

그림에는 내 어린 시절의 밤하늘 풍경이 보인다. 섬에서 자란 나는 여름밤 평상에 누워 하늘 가득 무수히 펼쳐진 별들 속에서 내 별 하나를 만들어보곤 했다. 그래서인지 김환기 그림이 더욱 가슴 안으로 파고든다. 작품 대부분이 암청색과 엷은 쪽빛을 많이 띤다. 풍경은 시어처럼 절제된 느낌이다. 그의 그림은 그리움을 담고 있다. 전면에 퍼져 있는 십만 개의 점 중 내 그리운 점 하나를 찾아본다. 그것은 떠나버린 사랑하는 이들을 다시 만날 수 있다는 꿈을 꾸게 한다. 그림 앞에서 마음은 끝없이 아련해진다.

작가가 점화에서 즐겨 사용한 푸른색은 그의 고향 푸른 하늘과 바다를 그리워하는 마음이 투영된 것이라 짐작된다. 그런 영향 탓인지 빛을 발하고 있는 저 별의 처절한 고독은 바로 김환기의 모습으로 보인다. 먼 타국에서의 외로움을, 만나고 또 만나는 생의 인연을 그렸나 보다.

한때 '유심초'라는 가수가 불렀던 노래 가사이기도 하다. 노랫말이 너무 좋아 즐겨 부르기도 했다. 그림은 절친인 김광섭의 〈저녁에〉란 시에서 영감을 얻었다고 한다.

> 저렇게 많은 별 중에서
> 별 하나가 나를 내려다본다
> 이렇게 많은 사람 중에서
> 그 별 하나를 쳐다본다
> 밤이 깊을수록
> 별은 밝음 속에 사라지고
> 나는 어둠 속에 사라진다
> 이렇게 정다운
> 너 하나 나 하나는
> 어디서 무엇이 되어 다시 만나랴
> — 김광섭의 詩, 〈저녁에〉

시는 사람의 인연을 노래하는 듯하다. 불교에서는 인연이란 멈추지 않고 어떤 모습이라도 계속 윤회되는 것이라 한다. 그렇다면 나의 사랑하는 인연들은 어디서 무엇이 되어 다시 만나게 될까. 그리움으로 그려진 그림 속에서 내 별 하나를 찾고 있다.

무면허 삼대

 딸은 둘째 손녀 앞니에 묶은 실을 잡고 웃음을 참지 못한다. 큰손자가 제 동생 젖니 발치하는 장면을 휴대폰으로 촬영하며 나에게 생생하게 중계 중이다. 둘째는 앞니를 무명실에 묶인 채 벌린 입을 다물지 못하고 있다. 이미 제 엄마가 할 행동에 질린 듯 불안한 모습으로 커다란 눈만 껌벅이며 울음보가 터지기 직전이다. 셋째는 지금 벌어지고 있는 상황을 호기심 가득한 눈길로 바라보고 있다.
 치아 뽑기는 성장하는 아이에게 중요한 의식이다. 무명실을 치아 뿌리 가까이에 단단히 묶어야 한다. 느슨하게 묶으면 실만 빠져나와 낭패하기에 십상이다. 한순간 이마를 딱 친다. 맞은 아이가 얼떨결에 놀라는 찰나 실을 쥔 손을 잽싸게 당겨야 한다. 그런데 딸은 한번 터진 웃음보를 멈출 수가 없나 보다.

웃느라 실을 당기는 손에 힘을 주지 못한다. 둘째는 무서움에 결국 울음을 터트린다. 중계하는 큰 녀석은 할머니는 실패한 적이 없었다는데 엄마는 할머니의 능력을 전수하지 못했는지 실패만 거듭한다는 멘트를 날린다.

  동영상을 보면서 과감하지 못하고 머뭇거리는 모습이 어설프고 답답하다. 딸은 묶은 실을 잡고 심기일전 다시 시도하더니 치아 뽑기에 성공하였다. 이가 빠진 자리에 약솜을 물고 있는 둘째 모습을 보는 것으로 동영상 중계는 끝이 났다. 웃음과 울음이 교차하는 행복한 딸 가족의 한 모습이다.

  어릴 때 병원도 없는 시골에서 자랐다. 이가 흔들리면 여간 신경이 쓰이지 않는다. 더구나 예민한 나는 온통 정신이 흔들리는 이에 가 있다. 그때 엄마는 반은 의사였다. 젖니가 흔들릴 때면 당연히 엄마의 무면허 치과 진료가 시작된다. 어떤 어른들은 이를 묶은 실 끝을 문고리에 연결하여 문을 젖히는 순간 뽑는다지만, 우리 엄마는 그런 억지는 부리지 않았다. 무명실을 도구로 사용하지도 않았다. 발치 의료 행위는 그래도 한발 앞선 것 같다. 얼마나 흔들리는지 살짝 확인만 하겠다며 나를 안심시켰다. 엄마 말이라면 감히 거역할 수 없어 입을 크게 벌린다. 흔들어 확인하는 순간 손가락 끝으로 잽싸게 젖혀 버린다. 어느새 엄마는 내 입안에서 피 묻은 빠진 이를 꺼내어 보여준다. 이미 절반은 빠져 있던 상태라 별 아플 것도 없다. 엄마는 손가락 하나로 해결하였으니 그 시절 나름 능력자였다.

뽑은 이를 지붕 위에 힘껏 던지며 까치에게 새 이를 달라는 신성한 절을 하며 발치가 마무리되었다. 그러고 보니 그때 온 동네 이빨이 흔들리는 아이들은 거의가 우리 엄마에게로 보내졌다. 무면허이지만 동네 면허증을 가진 발치 전문가였다.

신경 쓰이던 이를 뽑았으니 시원하기는 했지만 동네 개구쟁이 머슴애들이 앞니 빠진 개호주라 놀릴 것은 뻔하다. 더구나 앞니가 없는 못난 얼굴이 되었으니 창피하기도 했다. 괜히 투정 부리며 크게 울었던 것 같다.

이후로 나는 이가 흔들려도 절대로 엄마에게 알리지 않았다. 많이 흔들리면 힘들지 않아도 쉽게 뽑혔다. 나 스스로 치아를 빼면서 공포심에서 벗어나고 내가 뽑았다는 뿌듯함도 있었다. 어릴 때 치아를 잘 뽑았던 그 재능을 살렸다면 나는 아마도 치과의사가, 그것도 치과 의료계에서도 소문난 명의가 되었지 싶다는 말도 안 되는 생각을 하면서 싱겁게 혼자 픽 웃는다.

그래도 까치에게 지성으로 빌었던 엄마의 덕분인지 모르겠다. 치아교정도 없었던 시절이었지만 내 치아는 하나도 삐뚤어지지 않고 가지런하다. 한동안 잊고 지냈던 기억들이 밀려온다. 치과의사의 진료를 받지 못했던 시절, 엄마는 무면허 진료라지만 합병증은 없었다. 요즘 젊은 엄마들은 이가 조금만 흔들려도 치과의사에게로 달려간다. 집에서 발치할 일이 없다.

자식 둘을 키우면서 엄마가 발치해주던 그 의료 행위를 대를 이어 내가 하고 있었다. 요즘도 간혹 아들과 딸은 오래전 이야기를 농담 삼아 하고 있다. 엄마에게 붙들려 이를 뽑혔던 불안했던 기억 때문인지 딸은 큰손주를 데리고 치과에 다니며 충치 검사도 받고 젖니도 뽑았다. 나의 이빨 빼는 능력은 아무래도 내 엄마의 실력보다 한참 못 미쳤나 보다. 그래서인지 아들 치아는 고르지 못하다. 어떻게 집에서 무작스럽게 이를 뽑을 수가 있느냐며 간혹 남매가 나를 타박했다. 그런 딸이 자녀 셋을 키우다 보니 일일이 치과에 데리고 다니기도 힘들고 귀찮아서인지, 아니면 이 정도 흔들리는 젖니는 충분히 뺄 수 있다는 그동안의 엄마로서의 자신감이 생겨서인지 모르겠다. 어느샌가 둘째 셋째의 흔들리는 이를 발치하고 있다.

나이 든 사람들은 어린 날의 이런 기억 하나쯤은 있으리라 짐작된다. 무면허 치과 진료 행위는 내 엄마에서 나를 거쳐 그렇게 또 딸에게 대물림되었다. 이후로도 큰손자는 제 동생들의 이빨 뽑기 동영상을 몇 차례나 더 중개해 주었다.

이다음 큰손자와 두 손녀도 어른이 되었을 때 오늘을 추억할 것이다. 저희끼리 모여서 제 엄마 무면허 의료 행위를 떠올리며 한바탕 크게 웃지 싶다. 그런데 이담에 손자 손녀들이 어른이 되었을 때 제 어린 아들딸에게 할 짓을 상상해본다. 왠지 내 예감은 틀리지 않을 것 같다.

도다리를 추억하다

 올락말락 망설이고 있는 건지. 아직도 바람 끝에는 시린 겨울이 묻어 있다. 목을 빼고 봄을 기다리는 이유는 봄바람 때문만은 아니다. 화사하게 피어나는 곱디고운 꽃도 아니다. 단지 내 입맛을 다시게 하는 봄 도다리다.
 도다리는 쑥국이나 찜, 구이도 물론 좋아하지만 뭐니 뭐니 해도 뼈째 썰어 먹는 세꼬시가 제격이다. 내 입맛으로 치자면 세상 어떤 음식도 도다리 세꼬시 맛에 비할까 싶다. 이제는 자연산 도다리를 맛보기는 어려운 시대가 되었다. 어부들이 잡는다 해도 도다리는 도시 사람들의 입에까지 오기는 힘든 귀하디귀한 생선이 되었다. 그런 아쉬움이 있어서 그런지 사람들은 유난히 봄 도다리라 말들 하게 되나 싶다.
 봄이 되면 도다리는 살이 통통하게 오른다. 지방 함량이 높아져 맛이 실하다. 이때의 특별해진 도다리 맛을 아는 사람들이 봄을 기다리는 이유가 되겠다. 어릴 적부터 먹어서 맛을 아는 나 역시 자연산 타령을 하게 된다. 그럴 때면 양식 도다리도 자연산 못지않게 맛도 질도 떨어지지 않는다는 아들의 열변을 듣는다. 유난히 도다리회가 먹고 싶어지는 날이 있다. 그럴 때면 작은 뱃전에 부딪히는 거친 파도가 일어도 주저하거나 망설임도, 매서운 추위도 마다하지 않고 노를 저어 바다로 나가던 친구 태연이 아버지가 떠오른다.

태연이 아버지는 바다에서 고기를 잡는 어부로, 가축을 키우고 농사를 지으며 부지런히 일하고 근검절약하여 농지를 넓혀 갔다. 소금처럼 짜기로 소문났던 분이었다. 심지어 자식들이 다른 집에서 밤을 보낼라치면 비싼 밥 먹고 남의 집에 거름을 보태줬다고 집에서 쫓아내기까지 했다. 살만했지만 공부를 잘했던 장남을 중학교에 보내지 않았다. 학교 선생님도 마을 어른들의 권유도 깡그리 무시하고 귓전으로 흘려버렸다. 기어코 어린 아들을 배에 태워 그물을 당기는 어부를 만들었다.

입춘이 지났지만 시린 바람이 채 가시지 않은 이맘때 즘이었지 싶다. 마침 부모가 외출 중인 수연이 집에 친구 다섯 명이 어울려 잠을 자기로 했던 밤이다. 어른이 없는 집에서 모처럼 함께하는 밤이 즐거웠다. 재미있게 웃고 떠들다 보니 출출해졌다.

그날도 태연이 아버지는 세찬 추위에도 아들을 데리고 바다에 나가는 일을 거르지 않았다. 차가운 바닷물에 손이 시려도 괘념치 않았다. 갯바람에 시린 몸을 떨어가며 잡은 생선이다. 상품이 되는 생선은 선별하여 배 안 물 칸에 살려두고, 가치가 떨어지는 잡어들은 집으로 가져간 것이다. 마침 그 집 딸인 태연이도 함께 놀았던 밤이었다. 마음이 내키지 않아하는 그 친구를 꼬드겼다. 자기 집인지라 생선을 보관해둔 위치를 잘 아는 태연이는 우리들의 등살에 떠밀려 어쩔 수 없이 앞장을 서게 되었다.

낮에 힘들게 일한 탓인지 부모님은 깊은 잠에 빠져든 모양이었다. 도둑고양이처럼 살그머니 부엌문을 열었다. 늘 무섭기만 했던 태연이 아버지가 깨어날 것만 같았다. 꽁무니를 겨우 따라나서긴 했지만, 소심했던 나는 다리가 후들거리고 가슴이 두근거리며 요동쳤다. 친구는 부뚜막 나무통에 담겨 있는 생선을 가져간 소쿠리에 옮겨 담았다. 생선을 훔쳐 논둑길을 돌아오는데 뒤에서 나만 잡아챌 것 같았다. 들킬까 봐 조바심내며 서둘러 담아온 생선은 새끼 도다리였다.

동네에서 아버지가 없는 나만 빼면 대개는 어부의 자식들이다. 어른들이 하는 생선 손질을 늘 보아왔던 터라 어려운 것도 없었다. 아직 어렸지만 제법 능숙하게 생선을 손질했다. 먼저 비늘을 치고, 어두와 지느러미는 잘라내고, 내장을 빼고 잘 손질된 생선은 깨끗하게 씻어 도마에 올려 뼈째로 어슷어슷 썰었다. 도다리회는 새콤하고 달짝지근한 붉은 초장보다 장독에서

막 퍼온 구수한 생된장이 제격이다. 그날 된장에 쿡쿡 찍어 먹었던 쫄깃하고 오돌오돌하게 씹혔던 싱싱한 도다리 회는 바다 향까지 풍겼다. 친구들과 작당한 성공적인 결과여서인지 더 맛이 좋았다.

문제는 다음 날 아침 우물가에서다. 친구 엄마는 동네에서도 욕쟁이로 알려져 있다. 아침에 반찬거리 장만을 위해 보관했던 통을 들여다보니 물고기가 사라진 것을 알게 되었다. 남편이 추운 날씨에도 어린 아들과 시린 손을 호호 불며 잡아온 생선이 아닌가. 감쪽같이 털어갔으니 울화가 치민 것이다.

시작은 빌어먹을 도둑 연놈들이었다. 아침부터 온갖 욕설이 온 마을에 퍼져나갔다. 당연히 동네 처녀와 총각들이 표적이 되었다. 이제 초등학교 5학년 어린것들의 앙큼한 소행이라고 누가 짐작이나 했을까. 더구나 자기 딸이 범행의 가담자라는 사실을 알 리가 없다. 온 동네를 쩡쩡 울리는 욕바가지 소리에 저지른 죄가 있으니 오금이 저렸다. 말 잘 듣는 착한 딸이 남의 집 생선을 훔쳤다는 사실을 알게 되면 우리 엄마는 틀림없이 노발대발하며 부지깽이를 들었을 것이고, 나는 집에서 쫓겨날 것은 뻔했다. 등쌀에 떠밀려 앞장서서 자기 집 생선을 털었던 태연이는 또 얼마나 안절부절 떨었을까. 그 시절이 그랬듯이 우물가에서 잠깐의 소란일 뿐이었다. 더 이상 범인 색출도 조사도 없었다. 비밀로 간직하고 떠나왔던 고향에서의 추억이다.

남자 일손이 없는 우리 집에 힘든 일은 도맡아 거들어 주었고, 잡아 온 생선을 아낌없이 나누어줬던 태연이 아버지였다. 어린 한때 오지게 욕을 들었던 추억이 있기에 특별하게 느껴지는 도다리 맛인지도 모르겠다.

　도다리 계절이 왔다. 봄기운이 살짝 느껴지는 주말, 이미 세꼬시로 주문한 도다리 회는 곧 배달될 것이다. 드디어 나의 추억, 나의 그리움인 봄도다리 세꼬시를 먹게 된다. 입안 한가득 채우고 고향 바다 도다리 맛이라고 우겨 볼 참이다.

멈춰버린 손목시계

 화장대 서랍을 열었다. 묶어 버린 것들이 서랍 속에서 다투어 눈길을 잡는다. 값나가고 고급스러운 것은 아니지만 내 가족이 한때 소중하게 사용했던 것들이다. 잡동사니라 여겨지는 것들을 웬만하면 비워 내기로 마음먹는다.
 작은 서랍에는 식구들의 이름이 새겨진 도장들이 눈에 띈다. 벼락 맞은 까만 나무 도장과 작고 귀여운 빨간 뿔도장, 상아색 대리석 도장과 이제 역할을 잃어버린 남편 인감 옥도장이 가죽 주머니에 넣어둔 채로 얌전하다. 색 바랜 예전 주민등록증과 아들의 공군 제대증, 출가외인이 되어버린 딸의 학생증도 보인다. 즐기지는 않지만 특이한 디자인에 끌려 구매했던 액세서리들도 보관해 둔 채로다. 필요에 따라 찍었던 쓰고 남은 여유분 증명사진들이 옛 모습으로 남아 있다. 삶을 같이했던 물건들이 되돌아갈 수 없는 날들을 고스란히 추억하고 있다.

언제부터 멈추었을까. 오랜 세월 그의 몸 일부처럼 같이했던 손목시계가 더 이상 돌아가질 않는다. 멈춰버린 시계가 떠난 사람의 생처럼 먹먹해 보인다. 그는 검은 가죽 밴드로 바꾸어 줬을 때 시계 줄이 맘에 든다고 아주 만족해했다. 그랬던 사람의 생도, 아껴 쓰던 시계도 멈추었다. 주인 잃은 시계를 보니 이별은 나에게만 있었던 것은 아니었다.

그는 아무도 흉내 낼 수 없는 자신만의 예술세계를 인정받고자 캔버스에 붓질을 해댔다. 쉬지 않는 시곗바늘처럼 그의 붓질도 멈춤이 없었다. 오직 그림 그리기에만 빠져 있는 그를 뒷받침하는 현실이 버거운 줄 몰랐다. 완성된 그의 그림 앞에 서면 온갖 시름은 눈 녹듯 사라졌다. 그 순간만은 세상을 다 얻은 듯했다. 아무나 누릴 수 없는 나에게만 주어진 행복이라 여겼다. 누구도 이해할 수 없고, 누구에게 말할 수 없었던 예술가와 내조자의 삶이었다.

아들 개인전 때다. 광주에 떨어져 사는 딸네 가족이 축하차 부산에 왔다. 어린 손자 도균이가 노래를 부르며 갤러리 그림들을 둘러보며 작품마다 동영상 촬영 중이다. 떨어진 곳에서 지켜보던 나는 도균이 노랫소리에 귀를 기울였다. 잔잔한 노랫말이 마음을 아련하게 했다. 삼촌 그림을 돌아보는 동안 그림을 그렸던 할아버지의 모습이 떠올랐던 걸까. 네 살, 너무 어렸을 때의 이별이었지만 도균이는 특별했던 할아버지 모습을 기억하고 있었다.

　오빠보다 먼저 결혼한 딸이 손자를 낳았다. 할아버지가 된 그는 첫 손자 이름을 지어주기로 했다. 이름 짓기에 유명하다는 철학관을 찾아 지어온 이름이 성에 차지 않았던 그였다. 밤이 새도록 한자 사전을 뒤척이면서 도균이라는 이름을 짓고 나서야 흡족해했다. 까맣고 커다란 눈을 가진 손자의 모습만 떠올려도 그는 입가에 미소가 떠나질 않았다.

　긴 팔을 뻗어 깍지를 끼고 팔 그네를 만들어 도균이를 태워 흔들어 주었다. 그의 화실에 들를 때면 팔레트에 짜놓은 물감을 찍어 캔버스에 붓질도 하게 했다. 무엇보다 자신이 소중하게 여기며 다루었던 것들을 손자에게만은 아낌없이 허락해 주었다.

　그의 팔레트에는 언제나 색색의 물감들이 깔끔하게 정리되어 있었다. 그런데 이 녀석은 물감마다 붓을 꾹꾹 찍어 캔버스에 이리저리 그어댄다. 붓질하는 모습이 제법 진지하다. 헤집어 놓은 물감들이 뒤섞여 있는 팔레트를 바라보는 나는 남편이 평소에 붓과 팔레트를 얼마나 소중하게 다루는가를 잘 알기에 초조한 눈길로 그를 바라보았다. 하지만 그는 아랑곳하지 않았다. 캔버스에 색색의 물감을 그어놓은 것을 마치 추상 작가의 기막힌 작품이라 추켰다. 자신의 자질을 물려받은 천재적 재능이라 우기며 손자의 첫 그림에 즐거워했다.

　서양화를 전공한 딸은 결혼 후로 붓을 들지 않았다. 타고난

소질이 있었지만 그림을 그리는 능력은 특별해 보였다. 딸이 자신을 가장 많이 닮았다고 좋아하며 기대도 컸었다. 그랬던 딸은 생각과 달리 그림을 그리지 않는다. 많이 속상해하며 안타까워했다. 언젠가는 자질을 살려 다시 그림을 그리리라는 희망으로 마음의 위안을 삼는 듯했다. 그런 중에 손자의 그림 솜씨에 세상을 다 얻은 듯한 표정으로 행복해하던 모습이 엊그제 같다.

서랍 속 멈춰진 시계를 보면 먼 기억 속에서 헤맨다. 도균이가 불렀던 노래를 다시 듣고 싶었다. 전화를 걸었다. 도균이에게 '할아버지 시계' 노래를 녹음해서 보낼 것을 부탁했다. 오늘은 직접 피아노를 연주하며 노래를 부르는 동영상을 보내왔다.

> 길고 커다란 마루 위 벽시계는 우리 할아버지 시계
> 언제나 정답게 흔들어 주던 시계 할아버지 옛날 시계
> 이젠 더 가질 않네 가지를 않네

휴대폰 동영상을 반복해서 듣고 다시 듣는다. 노래 가사처럼 할아버지는 떠났다. 시계도 멈춰버렸다. 이제는 제 엄마 키를 훌쩍 넘어버린 손자가 초등학교 육학년이 되었다. 둘째 서율이도 이학년이 되었고 막내 윤슬이는 유치원을 다닌다. 세 명의 손주들이 주는 행복을 남아 있는 나만 누린다.

도균이는 내 수필집 《11월의 노랑나비》를 가방에 넣어 다니

며 자랑한단다. 우리 두 부부가 예술과 현실 사이에서 치열하게 힘든 삶을 살아낸 그림과 글들이다. 먼 훗날 더 많은 세월이 흐른 다음에 손자 손녀들에게, 그리고 그들의 대를 이어 예술로 승화된 그림과 글들이 자랑스럽고 존경받는 화가 할아버지와 수필가 할머니로 남겨지고 싶다. 그것으로 세상을 살아낸 더 이상의 보람은 없을 듯싶다.

  오랜만에 따뜻했던 그의 손목을 잡아보듯 시계를 쥐어본다. 온기는 사라지고 윤기마저 잃은 멈춰버린 손목시계를 닦고 또 닦는다. 함께 살아낸 시간이 한 편의 영화처럼 생생하게 펼쳐진다. 그 풍경 속에는 손자 도균이의 맑은 노랫소리가 배경처럼 잔잔하게 들려온다.

화가의 아내

 거실 벽에 걸린 그림들을 바라본다. 적절한 용도의 붓 크기를 바꾸어 가면 팔레트에서 캔버스로 오가던 손길의 움직임이 보인다. 그림은 절절했던 생의 고통을 말하고 있다. 캔버스에 씌워진 촘촘한 작은 망사에 나이프로 물감을 채워가며 자신만의 그림을 그리던 화가의 아내가 느껴진다. 작품을 바라보던 예리했던 눈길도 생생하다.
 화가의 아내가 넋을 놓고 벽에 걸린 그림을 바라보는 이유가 있다. 며칠 전, 실감 나는 영화를 본 탓이다. 그녀가 영화를 보기 전에는 '모드 루이스'라는 유명한 캐나다 화가를 전혀 알지 못했다 '에단 호크'와 '샐리 호킨스'가 주연한 '내 사랑' 영화를 본 지도 한참이 지났건만, '모드'의 삶에 동질감을 느껴서일까. 이입된 감정에서 좀처럼 풀려나지를 못하고 있다. 액자와 마주한 눈길을 차마 돌리지 못한다.

미술 작품을 본적도, 미술 수업을 받아본 적도 없다. 태어났을 때부터 불치병인 루게릭병에 걸려 심각한 관절염을 앓았다. 어릴 때부터 장애인으로 남들과 다른 시절을 보냈다. 몸이 왜소한 절름발이 캐나다 여류 화가 '모드 루이스'다. 창문 너머로만 바라본 세상을 관찰하며 광활한 풍경과 그녀의 상상력이 작품 활동에 영감을 준 요소들이다. 자신만의 그림을 그려내는 것에 영화를 보는 내내 감탄을 자아내게 한다. 사회적인 편견, 가족들의 멸시의 아픔이 있다. 모드는 최악의 경험을 맛본 드라마틱한 삶의 표본이다. 영화 속에서 본 그림들은 아기자기한 색감에 순수함이 느껴진다. 장애가 있지만 손재주 하나만은 특출하다.

액자 속에서 머물고 있는 화가의 부모형제도 그의 재능에는 관심이 없었다. 아버지는 그림을 그리면 밥 빌어먹기 십상이라 야단만 쳤다. 칠 남매의 막내라면 부모형제들의 사랑을 독차지하련만 언제나 데려온 자식처럼 소외되었다. 그림 그리기에 주어진 환경은 불리했지만 좋아하는 그림 그리기는 포기하지 않았다. 타고난 재능에 끈기와 노력으로 자신만의 세계를 그려갔다. 늘 부족하기만 했던 미술 재료 때문에 캔버스에 넉넉한 물감을 덧칠하지는 못해도 그림을 그린다는 것만으로 세상을 다 얻은 듯 행복해했다.

아름다운 풍경을 찾아다녔고, 정지된 사물에는 생명을 불어 넣어 예술 작품으로 환생시켰다. 본래부터 아름다움을 가진 것은 누구나 쉽게 느낄 수 있지만, 하찮은 것과 가치를 느끼지 못하는 소외된 것들을 소재로 선택해 작품으로 승화시켰다. 아름답지 않은 것에서 내면의 본질을 추구해서 그려냈다. 하루도 빠짐없이 캔버스와 마주하고 앉은 그의 손에는 늘 붓과 나이프가 들려 있었다.

화가의 아내는 남편을 위한 내조에 최선을 다했다. 남편의 가능성을 믿어주는 아내다. 긴 세월에 힘든 고통도 마다하지 않았다. 언제쯤 화가의 작품이 인정받게 될지 정해진 바는 없다. 가냘픈 몸으로 애들 키우랴 살림하랴 경제적인 문제까지 도맡았다. 행여 물감이라도 떨어지면 저녁 장은 포기하고 물감을 사게 했다. 부실한 밥상보다 화가의 붓 멈춤을 더 안타까워했다. 부족함 없이 그림 재료를 가득 채워주지 못하는 것에 마음 아파했다. 화가의 고정된 수입은 없다. 무명 작가의 경제적 무능을 탓하지도 원망하지 않았다. 긴 세월을 내색하지 못하는 슬픔은 언제나 안으로만 꾹꾹 다질 뿐이다. 언젠가는 분명히 인정받을 그만의 작품 세계를 그려낼 것이라는 가능성을 믿었다.

대부분 화가들의 아내는 모델이 되기도 한다. '박수근'은 빨래하는 아내를 모델로 그려 명화로 남겼다. 살아서 명성을 가장 많이 누렸던 세계적인 거장 스페인 화가 '피카소'는 여인들이 그의 곁을 스치고 지나갈 때마다 유명한 그림을 남겼다.

빛을 그린 화가 '모네'는 아내 '카미유'를 작품 속에 다양한 모습으로 담았다. 아내와 두 아들을 그렸던 천재 화가 '이중섭'도 아내가 곁에 있었더라면 외로움이 병이 되어 단명하지는 않았을 것이다. 화가도 아내를 모델로 몇 작품을 그렸다. 그가 아내에게 해줄 수 있는 최고의 선물이었다. 내색하지 못하는 사랑을 온통 붓질로 마음을 표현한 초상화다. 60호 크기로 거실 한쪽 벽에 걸려 있다.

화가 모드 루이스와 생선 장수 에버렛은 서로에게 물들어갔다. 그들의 사랑을 풍경처럼 화폭으로 옮겨 담았다. 불편한 몸은 그녀에게 전혀 콤플렉스가 되지 않았다. 순수한 두 사람의 모습에서 아름다움과 행복이 느껴진다. 모드의 그림들은 색감이 생생하다. 작품은 동화童畵처럼 보는 사람들을 기분 좋게 하는 묘한 매력이 있다. 두 사람에게는 장애도 가난도 결코 불행할 이유는 되지 못한다는 것을, 영화를 본 화가의 아내가 실감한 삶의 의미다.

남다른 고생을 감내하는 아내가 마음 아프지만 그림을 포기할 생각은 전혀 없었다. 아내는 하늘이 내려준 생애 최고의 행운이라 여겼다. 화가와 아내도 가난한 예술가의 생활 속에 익숙해져갔다. 두 사람은 많은 사람이 감동하는 그런 작품을 그려낼 거라는 자부심만은 대단했다. 화가는 혼자만의 세계를 그려냈다.

화가의 아내는 거실 벽에 온통 그림으로 채웠다. 그림을 그릴 수 있어 행복하다던 삶과 애환들이 이제는 모두 액자 속에 녹아 있다. 정말 재능 있는 화가였다. 일찍 떠나지 않고 쭉 그림을 그렸다면 한국미술사에 한 획을 그었을지도 모른다며 아쉬워하는 화가의 아내다.

그림을 바라본다. 액자 속 화가만의 세상은 아름답기만 하다. 화가의 삶이 오래도록 살아 숨 쉬고 있을 것이다.

4부

여인, 노을을 읽다
엄마 전용 요리사
빨강 힐을 신고
큰아버지 꽃밭
마네킹
오월, 꽃눈 펑펑 휘날리고
울음이 배어 있는 집
여름날의 회상
부네치아에 가다
아들과 걷는 길

여인, 노을을 읽다

해 질 녘 다대포는 노을의 바다가 된다. 하루를 달려온 불덩이가 된 석양이 선홍빛 선혈을 한껏 뿜어댄다. 핏빛으로 물든 노을의 바다는 찬연하고 황홀한 비경이 된다. 이곳 노을은 계절마다 다른 풍경을 보여 준다고 한다. 그 진경을 찾아 나선다.

해가 서쪽 하늘을 물들이기에는 아직 이른 시간이다. 몰운대 노을정으로 향하던 발길을 멈추고 테크에 기대어 다대포 백사장을 바라본다. 모래밭을 휘둘러 싼 울창한 초록 해송과, 파란 하늘빛을 닮은 바다와, 하얀 모래사장이 어우러진 풍경이 광대하다.

백사장 한가운데 하얀 조각상에 시선이 멈추었다. 세상의 겉치레를 홀홀 벗어버린 몸으로 모래밭에 홀로 서서 묵언수행 중이다. 해수욕장에 조각상이라니. 조각 작품 하나에 다대포의 이미지가 새롭게 다가온다. 그런데 온전한 인간의 모습이 아니다. 반쪽 모형이다.

　조각가는 사람의 인체를 왜 반쪽으로 표현했을까. 작가의 예술세계가 궁금했다. 아직 일몰의 시각도 한참 멀었으니, 데크에서 내려와 백사장에 서 있는 조각상에 다가갔다. 나처럼 궁금했던 사람도 많았나 보다. 주위 모래밭에는 다녀간 사람들의 발자국이 어지럽다. 막상 곁에서 보니 데크에서 분명하게 보았던 반쪽은 아니었다. 각도를 달리할 때마다 인체의 형상이 변한다. 신기하다고 여기며 키 큰 조각상을 올려다보고 둘러보고 조금 떨어져서 바라본다. 모진 해풍을 견뎌내며 폭우와 태풍에도 한결같은 자세로 서 있다. 처하는 현실에 따라 달라지는 것이 인간이거늘, 하얀 거인은 묵묵히 서서 소란스러운 세상사에 흔들림이 없다. 작품은 인체 내면을 형상화한 조각가 김영원의 '그림자의 그림자(홀로서기)'였다.

　작가는 마음이 집중하면 몸의 움직임이 생기고 손이 지나간 자리에는 흔적이 남는다고 한다. 그 흔적이 이곳 조각 작품이란다. 아예 얼굴 형태를 지운 조각상은 면마다 별개의 이미지로 표현되었다. 한 면은 바다 멀리 그리운 이를 기다리는 듯, 다른 한 면은 두 사람이 다정하게 서 있는 것처럼 실루엣이 느껴지며, 또 한 면은 공간 속으로 반쪽이 사라지기도 나타나기도 하는 착시 현상까지 치밀하다. 내가 데크에서 바라보았던 반쪽의 이유였다. 면과 선이 화두처럼 던져주는 의미가 무엇일까.

 이렇게 다른 면들이 뭉쳐서 하나의 개념 속으로 녹였기에 보는 내내 오묘하고 경이롭다. 르네상스 시대의 조각가 미켈란젤로가 대리석으로 남성의 근육과 핏줄까지 정교하고 섬세하게 사실적인 조각을 했다면, 김영원의 그림자 조각상은, 형태를 지운 선과 면마다 별개의 이미지로 보인다. 추상적인 작품이 독특하다. 이런 예술가가 대한민국 작가라니 감동이 크다.

 족히 8미터 높이의 큰 키를 올려다본다. 너무 큰 키에 남자 조각상이라 생각했지만, 자세히 살펴보니 곡선이 아름다운 여자 조각상이다. 달라지는 면을 살펴보려 몇 번을 돌고 또 돌았다. 어떤 색깔도 발하지 않는 백색으로 서로의 그림자로 공존하는 선의 세계를 구축하고 있다. 역시 예술가는 무엇보다 독창성으로 유일해야 한다는 것을 느끼게 된다.

 몸에 난 상처가 아무는 시간이 필요하듯, 이별의 아픔도 그렇다. 내 마음인데도 스스로 어쩌지 못한다. 하얗게 벌거벗은 몸으로 서 있는 조각상처럼, 온몸에 번져있는 슬픔의 그림자를 지워버리고 싶다. 파도는 예전에 발자국을 이미 지워버렸는데. 끝없이 밀려오는 삶의 파도는 얼마나 넘어서야 잔잔하고 고요한 마음으로 살아질까. 먼 바닷길을 달려온 바람에 씻고 또 씻긴다면 저토록 눈이 부시도록 하얀 그림자로 서 있으려나. 얼마나 털어내고 닦아야만 백색 인간으로 거듭날까.

조각상이 서 있는 하늘에는 가끔 비행기가 뜨고 내리는 김해공항의 관문이다. 넓은 다대포 앞바다에는 컨테이너를 가득 실은 화물선이 떠 있다. 하얀 조각상은 백사장에 서서 하늘길을 살피고 먼 바다 뱃길을 지키는 듯하다. 아니면 멀리 떠난 누군가를 하염없이 기다리는 것처럼 외롭고 쓸쓸하게 보인다.

 조각상의 시선이 향하는 곳, 가덕도 끝자락 하얀 등대 앞바다는 내 고향 거제도로 가는 뱃길이다. 여객선을 타고 가덕도를 지날 때다. 뱃전에서 올려다보면 벼랑 위에 멋진 풍광으로 아슬아슬하게 서 있다. 가덕도 등대는 아직도 칠흑 같은 밤바다에 불빛을 쏘아 항해하는 뱃길을 안내하고 선원들의 안전을 지키는 임무에 충실하다.

 가덕도 등대 앞 바다는 태평양에서 거세게 밀려오는 파도와, 먼 길 돌아 흘러온 낙동강 물이 부딪치는 몸싸움이 치열했다. 바다는 미친 듯 집채 같은 파도를 길길이 세우고 다시 깊은 바닷속으로 가라앉는 듯했다. 속을 뒤집어 올리는 멀미로 고향 가는 뱃길은 험난하고 지난했다. 이제는 웅장하게 세워진 거가대교를 달려 편안하게 다녀오는 고향길이다. 흔들리는 뱃전에서 배 속을 비워낼 일도, 벼랑 위에 서 있는 하얀 등대도 올려다볼 수도 없다. 오랜 세월 잊어버려야 할 일들과, 지워버리고 싶은 사연들이 더러 있다. 하지만 영원히 잊을 수도 지울 수 없는 것이 고향 가는 뱃길이다. 가끔은 희미해진 추억들을 떠올려 헤집고 뒤적거려본다.

해가 서서히 하루를 불태운다. 일몰의 시각이다. 낙조 전망대에 선다. 화가 뭉크는 마지막 노을을 발하는 해를 보며 죽음과 지옥을 느꼈을 테다. 더구나 가족의 죽음을 보았던 병약했던 그가 그렸던 '절규'는 석양을 피로 그렸다고 했을 정도로 붉은 핏빛이었다. 활활 몸을 태워 붉은빛을 발하고 지는 해처럼, 그게 바로 사람의 생인 것을. 알면서도 영원할 것처럼 억척을 떨며 삶을 살아낸다.

먼 길 달려온 태양이 혈액을 펌프질해대듯 게워 낸 선혈이 낭자하다. 하늘과 바다는 처연하게 핏빛으로 물든다. 전망대에서 바라보니 그림자 여인도 붉은 노을을 입는다. 순간 화려하고 환상적인 여인으로 변신한다.

대자연이 오직 나를 위한 고운 색감을 띄워 위로해 주는 듯하다. 찬란하고 강렬한 빛을 발하는 이 순간을 기억하려 눈에 담고 가슴에 담는다. 남은 생에 행여 꽃불 피워 환한 미소 지을 그런 날은 몇 날이나 될까. 황혼이 지독하게 아름다운 것은 살아 낸 삶도 모질게 살았다는 의미일 테다. 붉은빛을 발하고 지는 해처럼, 피우자마자 시들어 떨어지는 꽃잎처럼, 그게 바로 사람의 생인 것을.

붉은 해는 넘어가고 노을도 사라진다. 모래밭 그림자 여인도 가만히 붉은 옷을 벗는다. 다대포 풍경 위로 어둠이 내린다. 가덕도 등댓불이 바다 먼 곳으로 금빛 섬광을 쏘아댄다.

엄마 전용 요리사

　요리하는 남자가 대세다. TV에는 요리하는 프로가 많아지고 남자 셰프들이 인기인으로 주목받고 있다. 매체에 나오는 셰프들의 영향으로 요리학원마다 수강생이 넘쳐난단다. 남자는 주방에 들어가는 게 아니라는 옛 말씀이 무색해지고 요리 잘하는 남자들이 왠지 멋지게 보이는 시절이 되었다.
　남편은 가부장적이고 완고한 시댁 가풍에 철저했다. 식탁에 앉으면 "밥, 숟가락, 물" 하기만 했다. 식탁에 차려진 음식에 수저질만 할 뿐이다. 나 역시 친정엄마로부터 남편을 하늘같이 받들라는 가르침을 받은 터다. 남자가 집에서 대접을 받아야 사회생활에 기죽지 않는다는 이유다. 그래서인지, 아니면 그런 사람을 만난 내 운명으로 여겼는지 남편의 식탁 버릇을 별로 탓하지는 않았다.

신혼 때다. 늦은 시간까지 운영하는 의상실 일을 마치고 집에 오면 더 바쁘게 일을 해야 했다. 밥솥에 밥이 되는 동안 집 청소를 했다. 첫아기를 임신 중이라 주어진 일들이 너무 버겁고 힘들었다. 남편이 화장실에서 발을 씻고 있기에 청소한 걸레를 빨아줄 것을 부탁했다. 그러자 남편은 화를 내었다. 어떻게 남자에게 걸레를 빨아 달랄 수 있느냐는 것이다. 이후로 나에게 냉기를 풍기며 일주일 동안 말을 하지 않았다. 그런 충돌이 있었지만 나도 가장이 부엌에 드나드는 것을 마땅찮게 여겼다. 남편은 아예 숟가락 챙기는 일을 한 적이 한 번도 없었다. 심지어 전기밥솥 뚜껑도 열 줄 모른다. 요즘 밥솥 뚜껑도 못 여는 사람이 어디 있느냐고 아들딸에게 타박을 들어도 잔잔한 미소를 지을 뿐 시도해 볼 생각이 전혀 없었다.

아들은 달라도 너무 다르다. 부전자전이 아니라 부전역전이다. 언제부턴가 부엌을 들락거리기 시작했다. 부엌에서 아들 모습을 보는 일이 아예 익숙해져 버렸다. 티브이 요리 프로에서 구미에 당기는 레시피를 다운받아 요리를 만든다. 한 번도 먹어 보지 못한 음식을 잘도 만들어낸다. 간도 잘 맞추고 음식에 잘 어울리는 그릇을 골라 먹음직스럽게 담아낸다. 만든 음식을 내가 맛있게 먹거나 칭찬이라도 해주면 뿌듯한 표정을 감추지 못한다. 요즘은 음식을 잘해야 사랑받는 남편감이라며 들으란 듯이 너스레를 떤다. 음식을 만들기가 귀찮기도 하련만 백종원 씨도 울고 갈 솜씨를 발휘한다. 설거지까지 깔끔하다. 요리하는 아들 덕분에 허기졌던 마음까지 그득하게 채워지는 느낌이다.

누구를 탓할 수 없는 일이다. 간혹 아빠를 향해 "물 정도는 직접 꺼내어 드세요." 하던 아들이다. 아들은 물 한 잔도 손수 해결하지 않고 오로지 그림에만 빠져 있는 화가 아빠를 보며 자랐다. 직장과 가족의 식탁을 책임져야 하는 고달픈 엄마의 삶을 보면서 아들은 많이 느꼈나 보다. 결혼할 연령이 훌쩍 지났건만 도대체 결혼에는 관심이 없다. 어린 시절 바쁜 엄마가 차려주는 부실한 상차림에 허기를 느낀 탓인지 아니면 요리하는 것이 엄마가 없을 때를 대비하여 혼자 살아가기 위한 준비 같기도 해서 만들어주는 요리가 달갑지만은 않다.

음식 끝에 정든다는 말이 있다. 맛난 음식을 마련하여 함께 먹는 사람에게는 마음이 한 발 더 가까워짐을 느낀다. 요리를 하는 것에는 누군가를 위해 헌신한다는 의미가 있다. 직장과 가정살림을 병행했던 나는 간단하고 손쉬운 음식만 후다닥 차리기가 일쑤였다. 언제 한번 느긋이 가족들의 따뜻한 음식을 정성 들여 만들어 본 적이 있나 싶다. 그런 음식도 남편과 아들 딸은 내가 만든 음식이 최고라고 추켜세워 주었다. 서둘러 음식을 만드는 순간에도 잊지 않는다. 사랑이라는 양념이 추가되어 가족들의 입맛이 돋우어졌는가 보다. 음식에 엄마가 그리운 까닭도 늘 먹었던 음식 때문이 아닐까 싶기도 하다. 역시 음식은 엄마다.

리모컨만 만지작거리는 삼식이가 되기 싫어 요리를 배우기 시작했다는 지인이 있다. 된장찌개로 시작한 요리 솜씨가 이제는 가족의 호평과 감사를 얻고 식사 준비를 할 때마다 아내의 고충을 이해하게 되었단다. 자신이 만든 요리를 가족이 맛있게 먹는 모습에서 몰랐던 행복을 느꼈다고 했다. 이런 남자가 흔하지 않다. 남편이 요리해준 그 음식을 먹는 즐거움은 어떤 행복일까. 가족을 사랑하는 지인의 애틋한 정성이 느껴져 존경스럽기도 하다.

여자는 남편이 차려주는 밥상에 가장 행복해한다는 말을 들은 적이 있다. 시대를 앞서가는 그림이 남편의 자존감을 세웠지만 그의 남존여비사상은 철저했다. 그가 지인처럼 한 끼 음식이라도 만들었다면 내 육신이 그렇게 팍팍하고 고달프지는 않았을 텐데. 천 번을 다시 태어난대도 그림을 그릴 것이라는 그이다. 다음 생에도 그는 틀림없이 그림에 빠져 있을 것이고, 나 역시 반복되는 생을 마다하지 않을 것 같기도 하다.

그 아비에 어떻게 저런 아들이 태어났을까. 골뱅이 야채무침, 바지락 파스타, 스테이크 등 각종 요리를 만들어 내는 아들 덕분에 입도 몸도 호강이다.

"최 여사님! 이번 주말에는 칼칼하고 시원한 해물짬뽕 드실래요?"

한 옥타브 올라간 아들의 목소리에 마음이 설렌다. 아들은 아직 엄마 전용 요리사다.

빨강 힐을 신고

 이럴 수는 없다. 모르는 사이에 내 감정 한 부분이 분별을 못 하고 역주행하고 말았다. 젊음이 역주행한다면 그것처럼 신나는 일이 어디 있을까만은, 세상에 그런 일은 있을 수 없는 사실이 아닌가. 자칫 주책일 수도, 나이 들어 극성스럽게 보여 바라보는 이들의 눈길을 불편하게 할 수 있겠다. 대책 없이 빠져들게 하는 빨간색이 난감하게 한다.
 오래 사용한 싱크대 수전이 제 역할을 못한다. 설거지할 때 꼭지가 느슨해져 사방으로 물이 튀고 빠지기도 해 낭패를 본 적이 한두 번이 아니다. 이런 불편함을 알고 아들이 주문한 배달된 박스를 터는 순간이다. 삼십 센티 길이의 붉은 주방수전이 지난여름 8월을 불태웠던 칸나의 선홍빛처럼 온통 나를 빠져들게 한다.

주방 수전이 싱크대에 고정되었다. 작은 나팔처럼 반질반질 윤이 나는 은색 스테인리스 헤드가 빨간 호스와 대비되어 조화롭고 화려하다. 먼저 자리를 잡고 있던 부엌의 모든 색을 압도한다. 이리저리 원하는 방향으로 시원하게 물을 쏘아준다. 개수대에서 설거지하는 두 손의 움직임이 마치 걸그룹의 손짓처럼 춤을 추듯 유연하다. 부엌에 들어가는 횟수가 잦아지면서 답답했던 가슴이 트이고 기분이 밝아지고 경쾌해진다.

사람들은 저마다 선호하는 컬러가 있다. 나도 좋아하는 색들이 많지만 실제 생활에 끌어들이지는 않는다. 그냥 눈으로만 즐길 뿐이다. 빨간 주방수전이 계기가 되어 무뎌졌던 감성과 열정이 슬그머니 끓어오른다.

그러고 보면 내가 입는 옷은 대부분 검은색이다. 색의 완성은 블랙이라 말한다. 검정은 모든 색을 다 품고 있다. 나 자신도 그동안 검정만 입는 것이 아니었지 싶다. 마음속에는 나도 모르게 열정을 의미하는 빨간색과, 고요함의 파란, 자연스러운 초록과, 여성스러운 분홍색, 알록달록 모든 색상을 품고 있었지 싶다. 내 안에 숨기고 묻고 가두어 아무도 눈치채지 못한 것들이 느지막에 꿈틀대며 요동친다.

나에게 옷이란 단지 겉치레만은 아니었다. 내 삶의 중요한 영역인 때도 있었다. 그러기에 삶의 수단으로 그때그때 유행하는 색깔의 멋진 옷을 원 없이 입었다. 그렇다고 해도 패션의 마무리는 한결같이 검정 힐만을 고집했다.

이제는 나이가 들어가는 탓인가 보다. 마음껏 젊음을 누려보지 못한 아쉬움인지 모르겠다. 그래선지 백화점에 들를 때면 내 첫 눈길을 잡는 것은 화려한 컬러다. 그러긴 해도 결국 선택은 블랙이다. 검은색은 자칫 칙칙하게 보일 수도 있을 것이다. 색을 고르고 선택하는 내 습관인지 아니면 그동안 몸에 배어 편안하고 만만하게 여겨지는 색에 대한 자신감 같기도 하다. 그런데 주방수전 하나로 인해 어디를 가나 선명하게 자신을 드러내는 선홍빛에 눈길이 대책 없이 끌려간다.

백화점 구두 판매장을 둘러볼 때였다. 그때 중앙 매대에 가지런히 놓여있는 빨강 하이힐에 홀려버렸다. 한참을 바라보며 생각에 잠긴다. 만일 빨간 구두를 산다면 신고 어디를 갈 것인가를. 간다 하더라도 너무 야해서 민망하지 않을까. 사서 신발장에 고이 모셔두고 작품을 감상하듯 눈맞춤만 할 것 같다. 생각해 보니 이래저래 사지 말아야 할 이유가 많다. 그렇다고 스쳐 지나가려니 아쉽다. 몇 년 전에도 오늘처럼 빨강 치마에 온통 마음이 끌려 결국 매니저에게 카드를 내밀었던 적이 있었다. 그때 샀던 치마는 아직 한 번도 입어보지 못한 채 옷장 맨 안쪽에 걸려 있다.

빨강 힐에 이끌려 쉬 발길을 돌리지 못한다. 그냥 저질러 버릴까 아니면 외면하고 돌아설까, 갈등한다. 그러나 하나 더 내 마음을 강하게 부추기는 것은 아직도 포기할 수 없는 저 날렵하게 보이는 굽이 높은 힐이다. 이런 나의 심중을 귀신보다 더 빨리 알아채는 노련한 매니저가 다가왔다.

내 시선에 꽂힌 구두를 정확하게 집어서 한번 신어만 보라 권한다. 발이 작아서 잘 어울린다고 추긴다. 거울에 비추어 보니 매니저의 말이 그저 구매를 부추기는 빈말이 아닌 듯 보인다. 빨강 구두를 신고 나란히 서 있는 거울 속 내 두발이 제법 예쁘긴 하다.

빨간 옷은 못 입어도 신발 정도는 괜찮을 것 같다. 너무 야해서, 나이에 맞지 않을까 하는 부담을 털어내고 신어보고 싶다. 결국 저지르고 말았다. 구매하고 나니 왠지 마음이 꽉 채워진 듯 기분이 뿌듯해진다. 너무 과하고 화려한 옷에 빨간 구두를 신는다면 아마도 저급하게 보일 수는 있겠다. 하지만 내가 즐겨 입는 검정 옷이라면 적절한 포인트가 되어줄 것 같다. 행여 오늘 고심을 거듭하고 선택한 용기가 신발장에만 머물지 않기를 바랄 뿐이다.

젊은 기운이 살아 숨 쉬는 활기찬 도심인 서면 거리를 빨강 힐을 신고 걷는다. 굽 높이만큼 자존감이 치솟고 소심했던 성격도 바뀌는 것 같다. 어깨를 활짝 펴고 날렵한 자세로 또각또각 소리에 맞춰 당당하게 걷는다. 어릴 적 남일해 가수가 '솔솔솔 오솔길에 빨간 구두 아가씨'를 멋들어지게 불렀던 노랫소리도 들리는 듯하다.

아무리 빨간색에 빠져들었다 해도 옷까지는 무리다. 지갑이나 교통카드 집, 휴대폰 커버, 모처럼 사게 된 구두까지다. 점점 소소한 빨간색 소품들이 늘어간다. 그동안을 미루어 본다면 생각할 수 없는 대단한 감정의 변화다. 그렇다 해도 지금까지는 과하지 않는 약간의 변화 그런 정도까지다.

  검정구두 일색인 신발장에 유일한 빨강 힐이 화사한 색을 풍긴다. 나를 내세우고 싶은 날에는 빨강 힐을 신는다. 한껏 도도한 자세가 되어 집을 나선다.

큰아버지 꽃밭

태종사에 들어섰다. 영도 끝자락에 자리한 절로 들어가는 길목부터 스님의 카랑하고 맑은 염불 소리가 울려 퍼진다. 염불 소리를 자양분으로 자란 형형색색의 수국이 줄지어 있다. 꽃밭을 조성한 도성 스님은 해마다 6월이면 수국 축제를 연다. 찾아온 손님들이 부처님의 자비를 한가득 담아 가기를 바라는 큰 뜻을 담은 행사이다.

장맛비가 잠시 주춤거린다. 벼랑을 타고 놀던 안개가 일순간 달려와 온몸을 감싸 안으며 반긴다. 잠시나마 내가 수국이 된 기분이다. 내 몸을 스친 바람이 꽃밭 사이로 빠져간다. 거제도가 품고 있는 섬 칠천도 큰집에 해마다 피던 수국이 환생하듯 향기를 뿜는다. 사람이 꽃이고 꽃이 사람이 된다면 천상이나 천국이 따로 없다. 칠천도 수국과 영도 수국도 인연이 있어 어울리는가 보다.

　내가 수국을 처음 본 것은 초등학교 일학년쯤이다. 큰아버지가 계시는 집 정원을 지나 작은 연못 돌다리를 건너면 많은 꽃들이 피어 있었다. 처음 본 수국은 작은 흰나비, 파란나비, 자색나비, 노랑나비들이 떼를 지어 뭉쳐 날갯짓을 하고 있는 것처럼 보였다. 날이 갈수록 여러 가지 색으로 변하는 것이 신기했다. 큰아버지는 다른 꽃보다 수국에 많은 애정을 쏟았다.

　수국 향기를 강물 삼아 연어처럼 거가대교를 지나 어린 시절로 돌아간다. 큰아버지는 어찌해서 그 시절에 귀한 수국을 구해서 꽃밭을 만드셨을까 궁금했다. 또래의 사촌과 자주 그 꽃을 보았다. 어떤 줄기는 유난히 큰 꽃송이를 머리에 이고도 휘어지지 않았다. 오랫동안 시들지도 않고 변함없이 아침마다 꽃빛을 뿜어냈다. 일곱 가지 색으로 변해간다는 것도 큰아버지가 일러주어 알게 되었다. 자줏빛 꽃술 때문인지 모르나 수국을 보러 자주 빨강 철 대문을 넘나들었다.

　큰아버지의 정원 꾸미는 능력은 이웃 동네까지 소문이 자자했다. 등나무로 둥근 아치를 세우고 이른 봄 매화와 목련꽃을 시작으로 노란 꽃을 달고 낭창하게 휘어지는 황매화가 피면 백장미가 다음 순서를 기다렸다. 붉은 줄장미를 심어 5월에는 붉은 꽃 터널을 만들었다. 봄이 깊어지면서 선인장도 귀한 꽃을 피운다. 늦여름 앉은뱅이 채송화꽃이 시들할 즈음, 닭 볏 모양의 맨드라미가 얼굴을 붉히고, 노란 해바라기 큰 얼굴이 새까맣게 타들어 가면 가을로 접어든다. 그 무렵에는 여러 종류의 국화꽃이 향기를 풍긴다. 큰아버지 꽃밭에는 계절마다 내가 기억도 못하는 향기와, 모양도 가지각색인 꽃이 가득했다. 꽃집으로 명명되면서 이웃 동네 사람들이 일부러 꽃구경을 하러 왔다. 꽃집 앞 아름드리 곰솔나무 그늘에는 마을 어른들의 쉼터가 되었다.

 큰아버지 손에는 농기구보다 꽃삽이 늘 들려 있었다. 봄비가 내리는 입춘이 지나면 동네 사람들은 모내기 준비를 위해 삽과 괭이를 들고 논물을 가두느라 바빴다. 큰아버지는 그때에도 꽃삽과 꽃모종을 들고 마을 곳곳을 다니며 수국과 코스모스와 만국화를 심었다. 농번기여서 마을 어른들이 핀잔을 주었건만 큰아버지는 아랑곳하지 않았다. 참다못한 큰엄마는 울화통을 폭발시켜 한바탕 싸움을 하곤 했지만 가을이면 마을은 꽃동네가 되었다. 그때 동네 사람들은 옛 핀잔을 잊고 흐드러지게 피어 있는 꽃구경을 하기에 바빴다. 어쨌든 온 마을이 큰아버지의 화원이었다.

 수국 꽃말이 변덕, 바람둥이라 한다. 변하는 외향에 가려 수국의 본성本性을 알지 못했다는 게 지금 생각해도 아쉽기 그지없다. 자세히 바라보면 진심을 다해 색깔을 만들어 내고, 작은 꽃들이 다정하게 모여 큰 송이를 만든다. 수국의 은은한 사랑이 느껴진다. 큰아버지도 정원에 수많은 꽃을 피웠지만 꽃의 깊은 의미는 느끼지 못하고 꽃의 화려한 외향만을 좋아했을까.
 정작 큰아버지에게는 꽃인 딸과 조카인 나에게는 무심하셨다. 일찍 아버지를 여의고 오롯이 남아버린 어린 조카들이 안쓰럽지 않았나 보다. 무엇보다 큰아버지 사랑이 필요했건만 관심 밖의 처지가 된 것이 나도 모르게 큰 아픔이었다. 큰아버지에게는 꽃보다 못한 존재였다. 꽃 가까이 가면, 꽃은 멀리 떨어진 곳에서 보는 것이라며 크게 야단도 치셨다. 나는 큰아버지 마음에서 멀리 떨어진 조카라는 생각을 좀처럼 지울 수가 없었다.

지난가을 모처럼 오빠를 따라 거제에 있는 가족 묘소에 갔다. 주변에는 잡나무들이 엉켜 숲을 이루고 있을 뿐, 응달진 곳에 자리해서 잔디가 엉성했다. 생전에 큰아버지가 그렇게 좋아하던 꽃 한 포기, 관상용 나무 한 그루도 없었다. 큰집에는 조상 대대로 양지바른 땅이 많았건만 무슨 이유로 하루 종일 햇살도 들지 않고 아카시아가 길을 막고 있는 척박한 이곳에 누워계실까 싶다.

큰집은 대대로 뿌리내리고 사는 종갓집이다. 거제도에서도 보기 힘든 우람했던 철대문도, 니은 자 아래채는 사라지고 흔적조차 없다. 본채의 팔모기둥도 주인 떠난 집에서 힘을 잃어가고 있다. 귀한 벚나무로 만든 대청마루는 퇴색되었고 지붕까지 무너질 듯 사위어가고 있다. 연못가에 싱싱하게 피워내던 창포꽃도 없다. 금붕어가 헤엄치던 작은 연못은 볼품없는 웅덩이가 되어 있다. 형형색색으로 아름답던 수국 꽃밭도 흔적만 간신히 남아 있을 뿐이다.

    태종대 바다의 바람이 다시 인다. 바다 안개가 꽃 사이로 헤매듯 지나간다. 꽃밭 극락세계에 있는 듯 마음이 편안해간다. 저 먼 곳에 계실 큰아버지는 지금 무슨 꽃을 가꾸고 계실까. 그곳도 부처님의 자비로 6월에는 수국 향기가 넘쳐날까.

    수국이 피면 내년에도 나는 큰아버지 꽃밭에 대한 추억에 젖어들겠지. 원망스러웠던 마음이 꽃 속으로 녹아든다. 다음 산소에 갈 때는 큰아버지가 애지중지 키우던 수국 한 송이 올려야겠다.

마네킹

 도시의 쇼윈도에는 계절이 앞서온다. 올해도 가을볕이 가로수 은행잎을 물들이려는 즈음 패션 거리에는 이미 한겨울이 와 있다. 지난해처럼 올해도 코트와 목도리가 광복동 겨울의 입성을 알린다. 하얀 커플 패딩코트에 빨간 목도리를 늘어뜨린 두 마네킹이 설야를 기린다.
 오랜만에 광복동 구경을 나섰다. 세월 따라 만사가 변하기 마련이듯 패션 매장의 마네킹도 달라져 있다. 한때는 사람이 마네킹을 대신하기도 했다. 얼굴에 하얀 페인트를 칠하고 꼼짝 않는 몸짓으로 사람들의 시선을 끌었다. 일종의 행위예술로서 주로 대학생이 학비 조달을 위해 마네킹 대역을 했는데 부동의 침묵을 지키는 인내가 인상적이었다. 이제는 은빛 웨이브 긴 머리숱이 사라지고 검고 하얀 밋밋한 마네킹들의 얼굴이 나와 마주한다.

요즘 광복동에 들어서면 야외 조각상들이 사람들을 반긴다. 깔끔하게 보이는 연한 회색 보도블록이 깔린 인도 옆에 멋있는 턱시도를 차려 입은 신사가 모자를 벗어든 모습이 도시의 우울한 분위기를 화사하게 바꾼다. 사람의 형상으로 사철 내내 구릿빛 단벌옷을 입은 조형작품이 옛 광복동 마네킹 모습을 떠올려 준다.

이십여 년 동안 광복동 중심 상권이 있는 'S'패션에서 근무했다. 그 시절 유명 메이커디자인 패션은 부러움의 대상이었고 고객에게 신뢰를 주었다. 내가 근무했던 매장은 대기업의 브랜드 가치도 있었지만 감각적인 디자인과 다양한 브랜드로 고객들을 매장으로 끌어들였다. 그 무렵 마네킹의 역할은 매우 컸다. 마네킹의 걸친 옷은 인기를 받게 마련이다. 보기만 하여도 사람들의 심박이 저절로 올라간다. 저 옷을 입었으면 하는 유혹에 홀려 매장으로 들어서는 순간, 마네킹 옷에 속았다는 생각이 들어도 구매 욕구가 남아 다른 제품을 구매하게 된다. 마네킹의 침묵과 부동의 주술력이랄까.

내가 경영했던 의상실의 쇼윈도에는 마네킹이 세 명이 있었다. 두 명은 서 있고, 한 명은 앉아 있는 구도가 마치 현대조각 같았다. 오뚝한 콧날, 풍성한 속눈썹, 그윽한 눈매가 진짜 사람이라는 착각에 빠져들게 했다. 그중 앉아 있는 마네킹에 남다른 애정이 갔다. 알맞은 어깨 곡선에 시선을 아래로 둔 다소곳

한 옆모습이 마치 첫날밤을 기다리는 신부의 자태 같았다. 고객의 첫 시선을 맞이하는 마네킹은 시즌 트렌드의 주자이기도 했다. 정교하게 입히고 몇 가지 가발을 준비하여 옷에 맞게 머리 스타일을 꾸며 아침 행인의 시선을 끌었다.

마네킹이 임무를 보여주는 라인에는 실은 인간 이상의 소임을 갖추고 있다. 하루 종일 꼼짝하지 않아도 짜증내지 않는다. 한결같은 모습으로 사람들의 눈길을 잡아들이면서 완벽한 몸매로 옷을 돋보이게도 해준다. 돌이켜보면 마네킹은 누구보다 나에게 행복과 위로를 안겨준 일등공신이다. 아침마다 앉아 있는 마네킹을 보면서 종종 문득 홀로 법당에서 철야 기도를 올리는 여인이 떠올렸다. 한이든 소원이든 드러냈을 것이다. 사람은 누구든 말 못할 사연을 갖고 있다. 외로움과 슬픔을 숨기고 있다. 몸과 마음이 지쳐가는 사바세계의 고통을 마네킹이 나를 대신하고 있다는 생각이 든다.

나도 의상실 마네킹이다. 특이한 샘플 옷을 만들면 제일 먼저 멋지게 시범 삼아 차려입는다. 의자에 앉아 고객의 옷을 디자인할 때는 앉아 있는 마네킹이 되고, 서서 업무를 볼 때는 걸어 다니는 마네킹이 된다. 멋진 맵시로 손님의 시선을 끌다 보면 성미 급한 어떤 고객들은 내가 입은 옷을 벗어 달라고 요청하기도 했다. 하지만 나는 완전한 마네킹이 되지 못했다. 쇼윈도의 마네킹은 약게 계산을 하지 않고 힘든다고 짜증내지도 않는다. 쇼윈도 마네킹은 시폰 잔주름 치마폭을 늘어뜨리고 반가사유상처럼 꼼짝 않고 앉아 무념무상의 모습으로 동안거와 하안거를 지켜낸다. 고뇌와 번민을 스스로 자각하는 듯한 마네킹을 보면 깊은 산속의 어느 절간 스님이 떠오른다. 그런 마네킹에 비하면 의상실을 경영하는 나는 결국은 돈만을 계산하는 인간이 아닌가 하는 생각이 든다. 하지만 인간인 나는 금전적으로 계산하는 속내를 숨기고 계산이 채워지질 않으면 화가 난다.

요즘에는 쇼윈도가 아닌, 걸어 다니는 마네킹들이 곳곳에 있다. 날씬한 몸매에 멋진 옷을 입은 그녀들은 활기차고 당당하다. 또는 텔레비전을 보며 요즘 대세인 걸 그룹이나 드라마에 출연하는 배우들도 하나같이 8등신 마네킹 몸매다. 내가 봐도 사랑스럽고 멋지다. 체질적으로 날씬한 몸매를 타고난 사람도 있겠지만 너도나도 환상적인 마네킹 몸매에 집착한다. 열심히 운동으로 체중감량을 시도한다. 잘은 모르지만 귀동냥으로는 간혹 의학적인 힘을 빌려 지방흡입 수술이나, 지방분해 주사도 맞는 모양이다. 그뿐 아니라 여러 가지 다이어트 약물요법으로 마네킹 체형 만들기에 급급하다.

조화를 이룬 완벽한 몸매를 마네킹 몸매라 한다. 예쁘지만 속이 빈 여자를 마네킹 여자라 부르기도 한다. 쇼윈도를 지나가던 남자들이 마네킹을 보면 저런 멋진 아가씨를 짝으로 삼고 싶어 할 것이다. 아가씨들도 완벽한 멋진 몸매에 대한 꿈을 꾸겠지만, 진정한 아름다움은 어디에 있을까.

걸음을 멈춘다. 옛 시절 마네킹에 옷을 입히던 내 모습이 패션매장 진열장에 비친다. 지나가던 행인들도 덩달아 쇼윈도 앞에서 걸음을 멈춘다. 늘씬한 마네킹의 몸매를 훔쳐보는 건지, 걸친 옷의 매력에 빠진 건지 알 수 없지만 두터운 패딩 옷을 바라보면 가을볕이 곧 사라질 것이라는 아쉬움은 느껴질 것이다.

예전에 무심하게 여겼던 것들에 요즘에는 마음이 찡해진다. 눈이 호사를 누리도록 도시 거리가 발전하건만 나는 왜 자꾸 과거 한때를 흘깃거리는 걸까. 나에게 베풀기만 했던 쇼윈도 마네킹이 새삼 그리운 날이다.

오월, 꽃눈 펑펑 휘날리고

　누군가는 찬란한 오월이라 말을 했다. 그런 봄날에 눈이 내린 듯한 풍경을 마주한다. 가로수 줄지어 선 초록 나뭇가지마다 함박눈 같은 눈꽃이 소복이 쌓여 있다. 흐드러진 꽃눈이 햇살 받아 한결 눈부시다.
　이팝꽃이 만개한 밀양 위양지 아담한 저수지를 찾아간 날이다. 오랫동안 바이러스로 기죽어 칩거하는 동안 이미 봄은 깊을 대로 깊어져 있다. 하얀 풍경이 길게 이어진다. 분명 따스한 봄날의 끄트머리인데 마치 쏟아지는 눈길 속을 달리는 듯하다. 언제부터 가로수길에 이렇게 많은 이팝나무가 있었나 싶다. 화려하지 않지만 흰색이 주는 청초함과 소박함이 신록과 어우러지니 절정의 절경이 된다. 일상에 찌든 몸과 마음이 정화되고 피곤했던 눈이 한없이 편안해진다. 저수지를 돌며 이팝나무 향기에 젖어 든다. 겨울의 눈은 거센 북풍이 휘몰아가고, 봄 눈꽃은 훈훈한 남풍에 날려간다는데, 청명한 봄날의 이팝꽃이 마음을 황홀경으로 몰아간다.

고목 이팝나무가 풍성한 꽃을 피웠다. 완재정 아래 고요한 물속에도 선명하게 이팝꽃이 피어 있다. 여기저기 연인들이 두 손을 잡고 위양지 둘레길을 다정하게 걷는다. 이팝꽃 피는 날에 젊은 추억을 만들기에 이만한 곳도 드물 듯싶다. 그들은 순간순간을 놓칠세라 카메라에 담기 바쁘다. 먼 날의 되새김할 멋진 추억 만들기에 동참하고 싶은 만큼 설레게 하는 봄 풍경이다. 마음은 청춘의 흉내라도 내고 싶지만 어찌할 건가. 이토록 고운 봄날을 흘려보낸 젊음을 아쉬움과 후회만 들썩인다.

나뭇가지를 비집고 햇살이 쏟아지니 풍성하게 핀 꽃이 더욱 더 눈부시다. 풋풋한 봄바람이 낯선 객을 앞장서 간다. 흰 꽃과 초록 잎이 어우러지니 낯설지 않은 풍경으로 다가온다. 돌아갈 수 없는 먼 기억을 떠올려주는 봄의 푸름. 양지바른 언덕 마른풀 사이에는 제법 자란 쑥이 지천으로 널려 있었다. 다보록이 자라나는 쑥을 캤던 기억이 지금까지 생생하다. 첫 쑥을 바구니에 소복하게 캐오면 엄마는 쌀가루를 쑥에 묻혀 가마솥에 쑥털털이를 쪄낸다. 초록 쑥과 흰 쌀가루가 버무려진 쑥털털이가 지금 바라보는 위양지 이팝꽃을 똑 닮았다. 설탕이 귀했던 때라 사카린을 쳐 달짝해진 쑥 향의 맛은 잊을 수 없는 영원한 맛이다. 그 시절 봄이면 쑥털털이가 내 미각을 온통 지배했다.

　호숫가 정자에 앉아 본다. 때맞추어 불어오는 바람에 땅에 떨어졌던 꽃잎이 휘둘리며 날아오른다. 정자에 가만히 앉아 있는 나도 사정없이 봄눈을 맞는다. 겨울눈과 진배없이 화르르 나는 꽃잎을 잡으려 팔을 뻗어 사방을 휘저어 본다. 손이 허공을 가르지만 꽃잎 하나 잡을 수 없다. 잡히지 않는 것이 어찌 꽃잎만인가. 그리움이 까마득히 허공으로 날아간다. 세상에서 가장 놓치고 싶지 않았던 그 사람도 잡히지 않는다. 간절히 잡고 싶은 것일수록 서둘러 아득히 먼 곳으로 떠나기 마련이다. 허망했던 세월도 안타깝다. 이제는 남아 있는 내가 기억으로만 반추할 뿐이다.

　초록이 흐르는 오월 속의 하루, 내게 주어진 자유로움에 일부러 무디게 했던 감성이 되살아난다. 노래도 이제는 그리 슬프지 않은 채로 입안에서 소리 없이 흥얼거린다.

　　　　남들도 모르게 서성이다 울었지
　　　　지나온 일들이 가슴에 사무쳐
　　　　텅 빈 하늘 밑 불빛들 켜져 가면
　　　　옛사랑 그 이름 아껴 불러 보네
　　　　후회가 또 화가나 눈물이 흐르네
　　　　이제 그리운 것은 그리운 대로

내 맘에 둘 거야
그대 생각이 나면 생각 난대로
내버려 두듯이
흰 눈 나리면 들판에 서성이다
옛사랑 생각에 그 길 찾아가지
하얀 눈 하늘 높이 자꾸 올라가네
눈 녹은 봄날 푸르른 잎새 위에
옛사랑 그대 모습 영원 속에 있네
— 이문세의 〈옛사랑〉 일부

위양지 둘레길을 걷는다. 산전수전 다 겪고 생명을 잃은 그루터기가 사람들의 집중적인 카메라 세례를 받고 있다. 밑둥치만 남아 세월의 무게를 견디고 있다. 삭아가는 나무 둥치를 바라보니 내 삶의 아팠던 세월 한 자락 늘어놓을 수 없다. 시간 속에서 견뎌내는 것이 생이지 싶다. 나를 돌아다본다. 나이 들어감은 세월의 무게를 감당하는 것이다. 쇳덩이가 용광로에서 열꽃을 피우는 고통을 견뎌내듯, 아프고 그늘진 기억의 무게들을 이제는 스스로 감내해야 한다. 순응하고 받아들일 일이다. 죽은 나무 둥치를 위로하듯 해맑게 핀 노란 창포꽃이 마음에 녹아든다.

노란색을 좋아하는 나도 이렇게 해맑은 빛은 처음이지 싶다. 호수에 발을 담그고 길게 뻗어 오른 잎줄기가 싱싱하고 푸르다. 노란 창포꽃이 또 다른 풍경을 만들어 준다. 잔잔하게 피어 있는 꽃을 바람이 살짝 흔들어 놓고 떠나간다. 마치 불꽃처럼 피어나다 한순간 사라진 사람처럼. 되돌아보니 내 생에도 그림 같은 풍경 하나 보이는 듯하다.

가만히 서서 꽃눈이 날아가는 모습을 바라본다. 꽃말이 '영원한 사랑'이라는 이팝꽃이 지금 내게는 '옛사랑'의 꽃말로 느껴진다. 매년 같은 꽃으로 피어나지만 그때마다 꽃을 바라보는 감성은 다를 터. 다음 또 이곳에 선다면 그땐 어떤 감성으로 위양지 풍경을 지켜볼까. 오늘 푸른 호수를 배경으로 한 이팝꽃의 하얀 고결함에서 누구에게서도 받을 수 없는 큰 위로를 받았다.

오월, 위양지 호수 속에 꽃눈 펑펑 휘날린다.

울음이 배어 있는 집

　어릴 적 살았던 집. 은밀한 내 기억 속에 눈부시게 빛났던 집. 그 집이 마른 넝쿨에 뒤덮여 형체마저 불분명하다. 험해지고 낡아가는 빈집에는 오는 봄도 발길을 돌려버릴 것 같다.
　주인이 바뀌었다는 소식을 설핏 듣긴 했다. 조선업이 호황을 누리던 시절에는 경제가 상승세를 타고 활력이 넘쳤다. 월급날이면 골목의 멍멍이도 파란 지폐를 물고 다닌다는 우스갯소리도 돌았다. 덩달아 부동산이 치솟는 바람을 타고 누군가가 투자 목적으로 사두었으니 살 주인을 찾기란 쉽지 않았다. 결국 방치되어 빈집으로 남겨졌다.
　엄마 산소를 둘러보고 오자는 오빠의 전화를 받았다. 그동안 찾아보지 못한 산소와 고향에서 펼쳐내는 봄 풍경을 보고 싶었다.

실은 오랫동안 비어 있다는 옛집의 형태가 더 궁금했다. 세월과 싸워서 이길 수 있는 게 어디 있을까. 외롭고 쓸쓸한 독거노인처럼 집 역시 다르지 않았다. 태어나고 자랐던 포근했던 집이건만 티브이 드라마에서 나올 만큼 으쌱하고 을씨년스럽기만 하다. 풍화가 되어가는 집에 차마 들어설 엄두가 나질 않는다. 다행히 내가 간다는 소식을 듣고 한달음에 달려온 옛 친구가 머뭇거리는 나를 위해 잡풀밭이 되어버린 마당을 헤쳐 가며 길을 터 준다. 용기를 내어 친구를 따라 아무도 찾지 않는 집안으로 들어선다. 구둣발에 밟힌 기진한 마른풀이 바스러지는 소리만이 고요함을 깨운다.

담쟁이덩굴과 인동초 환삼덩굴과 하늘수박까지 합세하였을까. 낡은 문틀과 서까래를 타고 지붕으로 기어오른 줄기가 실타래처럼 엉켰다. 기둥에서 떨어진 부엌 문짝이 간신이 벽을 의지하고 섰다. 커튼처럼 가려진 넝쿨을 비집고 깨어진 창문으로 방안을 들여다본다. 엄마가 걸레질로 반질반질 광택이 났던 벚나무 마루는 철거되고 안방이 길게 확장되었다. 낡아진 비닐 장판에는 쌓여 있던 먼지가 들이친 빗물에 밀려 군데군데 검은 얼룩이 졌다. 찢어져 너덜너덜한 벽지는 간간이 불어오는 잔바람에 몸을 흔든다. 울룩불룩 처진 천장에는 온통 그물망을 친 거미들이 집성촌을 이루었다. 침침한 방구석이 음산하게 느껴져 몇 발짝 뒷걸음친다.

저 방에서 언니와 남동생과 웃고 울고 토닥거렸는데. 끼니 때마다 입안을 채워주던 엄마의 손맛도 남아 있는데. 한겨울 밤도 솜이불 하나와 엄마의 온기가 있어 따뜻했었는데. 아랫목은 어린 자식들을 나란히 눕게 하고 냉기가 도는 윗목은 엄마가 누웠다.

고된 일상으로 쉬 잠들지 못했던 엄마는 밤마다 소설책을 소리 내어 읽었다. 엄마의 책 읽는 소리에 귀를 쫑긋 세울 때면 친척 할머니가 '엄마 치맛자락을 꼭 붙들고 자거라'며 불안하게 만들었던 말도 까마득히 잊어버린다. 어느새 스르르 잠이 찾아오면 엄마는 병아리를 품 안으로 끌어안듯 어린 자식들을 품었다. 따뜻했던 그 품이 있어 아버지의 빈자리도 모르고 자랐다.

엄마는 해가 저물도록 가가호호 일손을 구하기 위해 구걸하듯 다녔다. 농번기에는 어느 집이든 일손 얻기란 쉽지 않다. 논밭을 갈아야 하는 장골 손을 구하지 못하는 날 밤 엄마는 애가 타는 서러운 울음을 울었다. 돌아누워 우는 등을 넘어 엄마의 눈물을 닦아주는 것은 언제나 어린 남동생이었다.

봄바람이 불어온다. 떨어지고 깨어지고 부러진 폐가에서 주춤거리며 서 있는 나와 달리 바람은 낡아가는 것들의 울음을 담고 있다. 부지런한 엄마의 발길로 다져졌던 마당이다. 저곳에서 젊은 남편을 꽃상여에 태워 북망산천으로 보냈다. 오월이면 보리를 타작했고 가을이면 벼 알곡을 탈곡하여 덕석에 말렸다. 깨와 수수 조를 털었고 고구마를 캐어와 탑처럼 쌓았다. 엄마의 고단함이 서려 있는 마당에도 해마다 자란 잡풀이 겹겹으로 층을 이루었다. 젊디젊은 여자가 치열하고 처절하게 살아낸 고단함이 마른풀에 뒤덮여 있다.

　아버지가 천년만년 살 것처럼 잘 지은 집이었다. 꽃밭에는 계절마다 꽃을 피웠다. 여러 종류의 과실나무는 실한 열매를 풍성하게 달아주었고, 몸에 이롭다는 오가피 가죽나무 치자나무와 대추나무까지 자랐다. 봄가을 누에를 쳐 살림에 큰 보탬이 되어 주었던 몇 그루의 노거수 뽕나무는 무성한 초록 잎과 달콤한 오디를 달아주었다. 큰 어장의 선주로 풍족한 삶을 누리게 해줬던 그때만큼은 엄마의 행복도 충만했을 테다. 남편의 능력도 사랑도 바람처럼 스치고 지나갔다. 잠깐 꾸었던 꿈처럼.

　엉클어진 숲속을 헤매다 간신히 빠져나오듯 옛집에서 나왔다. 언제 몰래 달라붙었을까. 고슴도치 털처럼 생긴 뾰족한 바늘이 카디건 자락에 촘촘하게 붙어있다. 구부리고 도깨비바늘을 하나하나 뽑았다. 모양새 나게 챙겨 입은 옷이 보풀이 일어 너절하다. 행여 집안을 둘러보는 나를 반겨주는 엄마의 표현이었을까. 늦게 찾아온 것을 꾸짖는 따끔한 일침이었을까.

　옷자락을 무는 것만으로 끝나지 않는다. 옷을 물었던 네 가닥 가시가 떼어내는 내 손가락과 발목을 다시 찌른다. 모처럼 찾아온 옛집에서 들춰본 아픔들이 날 선 가시가 되었다. 찔린 여기저기가 따끔거린다. 엄마처럼 울고 살지 않으리라 다짐했는데…. 집을 떠날 때 엄마는 냉정했다. 힘들고 지긋지긋했던 많은 논밭과 산, 멋진 집도, 텃밭 한 평도 미련을 두지 않았다.

우두커니 넝쿨에 덮인 집을 바라보고 섰다. 아등바등 살았던 엄마의 시간이 고스란히 묻혀 있는 옛집이 낡아지고 허물어져 간다. 생솔가지로 군불을 때면 굴뚝에서 뿜어내는 저녁연기처럼 어릴 적 엄마와 함께했던 추억이 모락모락 피어오른다.

어린 나이에도 일찍 철이 들었다. 엄마를 웃게 할 수 있는 모든 것에 최선을 다했다. 공부는 물론이고 노래와 무용이며 달리기도 잘해서 상장을 받았다. 그럴 때면 엄마가 환하게 웃었다. 학교에서 돌아오면 엄마가 있어 좋았고, 엄마가 전부였는데.

생을 다해가는 집이 가쁜 호흡을 내쉰다. 엄마의 울음이 배어 있는 집. 도깨비바늘이 살고 있는 집. 이제는 바람의 집이 되어버렸다. 건초 같은 가슴으로 살아야 했던 엄마의 한 맺힌 울음소리에 마른풀이 풀썩인다.

여름날의 회상

 딱히 정해진 일도 없다. 집안일이야 해도 되고 안 해도 그만이다. 치열한 삶을 살아내던 때는 단 하루만이라도 아무 일도 아무 생각도 하지 않는 날이 주어지기를 원했다. 그랬던 날도 세월이 흘러 나이가 드니 자연스럽게 주어지는 것을.
 가만히 있어도 땀이 줄줄 흘러내린다. 빈둥거리는 날들이 쌓여가니 차츰 별 볼 일 없는 무기력한 사람으로 변해가는 듯싶다. 아무 일을 하지 않아도 되는 원했던 날들을 살고 있건만, 바쁨에 길들었던 탓인가 보다. 별 할 일 없는 지금의 삶이 아직도 익숙해지지 않고 마뜩잖을 때가 있다. 뭔가를 해야만 될 것 같은 조급함도 더러는 마음에 인다. 그런 때는 한여름 더위를 느낄 수 없었던 아등바등 살아낸 지난 세월이 떠오른다.
 세월이 기억되는 곳이라면 당연히 부산진시장이다. 시장에 들를 때마다 층마다 오르내리며 원단이나 옷을 만드는데 필요한 부속들을 구매했다. 지금도 꼭 재래시장을 이용하는 분들이 있긴 하다. 백화점이 없던 시절, 가정에 필요한 것들이나 큰 경조사가 있으면 사람들은 전통시장인 진시장을 찾아갔다. 지하철이 없으니 시장으로 가는 버스는 늘 만원이었다. 한여름 에어컨이 있을 리 없다. 더운 버스 안이 사람들의 열기로 숨이 막힐 지경이었다. 더구나 버스가 흔들릴 때마다 넘어지지 않고 용쓰며 버텨냈던 지난날들이다. 오늘은 무료한 일상을 지우려고 한때 내 삶의 중심이 되었던 그곳을 찾아가려 집을 나섰다.

시장 일층에 들어서니 제일 먼저 단추나 지퍼, 안감과 접착심 등을 구매했던 부속 점포가 아직도 그대로 영업 중이다. 몇몇 여인들이 색색으로 모양이 다양한 단추를 고르고 있다. 수십 년의 세월이 흘렀건만 풍경은 별로 달라지지 않았다. 그래서일까, 옛 기억은 더 생생해진다. 이층 계단에 올라선다. 점포마다 유명 모직 간판을 달고 원단을 판매하며 호황을 누리던 점포들은 거의 기성 옷가게로 탈바꿈되어 있다. 그때의 사장님들과 모델같이 말쑥하게 차려입고 고객을 끌던 잘생겼던 점원들도 볼 수 없다. 주문받은 원단을 구매하러 들를 때마다 반갑게 맞아주던 그들은 지금 어디서 무엇을 하며 나처럼 다른 삶을 살아가고 있을까.

간간이 원단을 판매하는 점포들이 눈에 띄기는 하다. 점원도 없이 주인인 듯한 사장님은 찾아주는 이도 없는 점포를 홀로 지키며 무료한 시간을 줄여가고 있다. 이제는 원단을 구매할 일도 없다. 멀뚱하게 서서 진열된 천을 눈으로만 살펴보며 옛 나를 회상한다. 천을 선택해서 맞춰 입는 번거로움을 피해 백화점에서 필요한 의상을 쉽게 구매할 수 있는 시대가 되니 원단 점포만 사양되어진 듯하다.

이층과 달리 지하 포목점에는 천을 고르는 고객들이 제법 눈에 띈다. 요즘에도 자신만의 특별한 옷을 고집하는 사람들이다. 백화점에서 구매했던 옷은 비싸기도 하지만, 간혹 같은 옷을 입은 사람과 마주칠 때가 있다. 그날 이후로는 그 옷은 늘 장롱 속에 걸어두게 된다. 천을 고르고 있는 저들도 자신만의 의상을 입고 싶은 심정인지도 모르겠다.

찬찬히 살펴보니 실크처럼 하늘하늘한 검정 폴리 원단에 눈길이 간다. 손끝으로 만지며 감촉도 느껴본다. 저 천으로는 가슴 밑에서부터 퍼지는 플레어가 지는 롱 원피스가 좋겠다. 목 부분에는 아주 작은 스텐칼라로, 민소매 디자인을 한다면 깔끔한 여름옷으로 시원하게 보이겠다. 때에 따라 벨트를 하면 세련되고 멋진 변형된 스타일이 될 것 같다. 흰 바탕에 작은 꽃무늬가 있는 원단은 자잘한 셔링을 잡아 우아하고 화려하게 삼단 치마를 만들면 되겠다. 점포마다 마음에 드는 원단을 바라보며 나만의 디자인에 빠져든다.

날씨가 습하고 더위가 심해지면 의상실은 완전 비수기에 접어든다. 무더운 여름철이 되면 사람들은 입었던 옷도 벗어버리릴 지경이다. 이럴 때는 가겟세와 공장 직원들 월급날은 왜 그렇게 빨리 다가오는지. 어떻게든 이 계절을 버텨내야 했다.

여름에는 짜임이 특별하고 색상이 시원하게 보이는 원단이 제격이다. 단조로운 디자인으로 오래 입어도 싫증나지 않는 옷이어야 한다. 여름 원단을 구매하러 진시장 지하 매장에 들를 때가 많았다. 지하에는 점포마다 보세공장에서 흘러나오는 자투리 원단들을 구매할 수 있다. 잘만 고르면 일반인들이 입을 수 없는 특별하고 고객 취향과 스타일에 어울리는 개성 있는 옷을 디자인할 수 있다.

구매한 원단으로 만들어진 샘플 옷은 제일 먼저 내가 입고 움직이는 마네킹이 된다. 그리고 윈도 안 세 마네킹에도 특별하게 디자인이 된 옷을 입힌다. 내 차림을 본 고객은 주문하기도 하지만 성격 급한 손님은 아예 입고 있는 내 옷을 바로 입고 가기를 원했다. 마네킹이 입은 옷도 자연히 지나가는 사람들의 시선을 사로잡아 고객으로 끌어주었다.

여자들은 아무나 입지 않는 자신만의 옷을 원한다. 손님마다 변형된 디자인으로 단골 고객의 멋을 충족시켜주며 그렇게 힘들었던 여름 비수기도 무난하게 넘길 수 있었다.

앞선 패션으로 멋진 옷을 원 없이 입었다. 사람들은 그런 나를 바라보며 부러워도 했지만 긴 세월에 까다로운 사람들로 인해 마음에 상처를 받기도 했다. 쉴 수 없는 바쁜 일상들이 나를 지치게 했고 보다 힘들고 불안한 것은 재봉사들의 기술 갑질이었다.

오랫동안 힘든 삶을 살다 보니 멋지고 화려한 옷도 다 귀찮아졌다. 지금은 아무리 고급스러운 좋은 옷도 그리 부럽지 않고 입고 싶은 생각조차 들지 않는다. 그저 무덤덤할 뿐이다. 그때는 내가 이 직을 그만두게 되면 다시는 미련을 두지 않고 뒤도 돌아보지 않을 거란 생각을 했었다.

애들 키우고 살림하랴 의상실 경영으로 정신없이 바빴던 날들이었다. 잠자는 시간마저 줄여도 힘든 줄도, 더위조차 느끼지 못했던 아득바득 안달복달 살아낸 지난 삶이었다. 그 세월이 잠시 스친 바람처럼 후딱 가버렸다.

이제 몸도 마음도 한없이 편안하다. 그런 내가 굳이 옛 삶의 현장을 찾아와 시원한 여름옷을 그려보며 지나간 여름날을 회상하고 있다. 재봉틀과 재단 가위는 이미 다 녹슬었는데.

부네치아에 가다

　형형색색 단장된 포구가 동화 속 그림 같다. 포구를 따라 서 있는 작고 예쁜 어창들이 장난감 블록으로 조립해 놓은 듯하다. 물 위에 내려앉은 투영된 어창이 더욱 알록달록 현란하다. 긴 수로에는 밤새 조업을 마치고 정박 중인 어선들과 낚싯배들이 편안한 휴식에 들고 있다. 간간이 물살을 가르는 요트들이 이국적인 풍경을 더해준다.
　유일하게 누려보고 싶은 딱 한 가지는 해외여행이다. 떠나고 싶을 때 자유롭게 떠날 수 있는 자만큼 행복한 사람이 또 있을까. 간혹 티브이 여행 프로에서 눈에 익혀둔 풍경을 마음은 직접 보고 싶어 하지만 내가 쉬 갈 수도 누릴 수도 없는 곳이다. 수많은 운하의 물길이 도로를 대신하고 선명하게 드러내는 화려한 원색의 집들이 줄지어 서 있는 곳이 세계의 곳곳에 있다 한다. 그중에서 소설가 헤밍웨이가 머물렀다 해서 더 유명해졌다는 이탈리아 베네치아는 꼭 가보고 싶은 곳이다.

다대포 노을 길을 걸었을 때다. 지날 때 스치듯 보긴 했다. 장림포구 표지 간판에는 색종이를 잘라 모자이크한 것 같은 오색 물고기 한 마리가 금방이라도 뛰어오를 듯 부착되었다. 곁에 나란히 서 있는 또 다른 간판에는 '부네치아'라고 적혀 있었다. 부네치아, 어디서 들은 듯한 이름이다. 이후로 입안에서 머릿속에서 자꾸만 맴돌고 되뇌었다.

달라진 부산 장림포구가 이탈리아 물의 도시 '베네치아' 풍경을 닮았다고 하여, '부네치아'로 패러디했다는 것을 알았다. 베네치아를 다녀온 사람들도 착각할 만큼 많이 닮았다고 했다. 낙동강 둔치 삼락공원을 지나 물길을 따라가면 작은 포구 부네치아를 만난다. 갑자기 마음이 내킨다. 발길을 돌려 낙동강 줄기를 따라 부네치아로 향한다. 베네치아를 가본 적이 없는 나로서는 오늘 부네치아에서나마 한껏 이태리 감성을 느껴볼 참이다.

네덜란드 풍차가 돌아가고, 조형물로 설치해 놓은 무지개색의 일곱 사나이가 양한 팔 동작으로 인사를 건넨다. 여기저기 이색진 조형 작품들을 감상할 수 있는 것도 이곳만의 풍경이다. 그러면서 켜켜이 쌓아놓은 그물과 어망들이 포구라는 것을 알려준다.

조용한 겨울 포구에 활기가 느껴진다. 훤히 들여다보이는 맑은 물속에는 고기들이 떼를 지어 노닐고, 잔잔한 물 위에는 오리 가족들도 평화롭다. 추운 날씨에도 부지런한 어부는 배 위에서 그물을 손질하고 어구를 챙기기에 바쁘다. 출항을 앞둔 작은 배들은 포구의 잔잔한 물살에도 흔들리고 있다. 빠르고 힘차게 드나드는 요트들이 있어 이국 풍경을 더한다.

부산에서 육십여 년을 살고 있지만 사하구는 낯설다. 간혹 을숙도 현대미술관과 다대포해수욕장을 다녀오긴 했다. 오래 전 장림포구를 둘러본 적도 있었다. 그때 봤던 포구는 금속 공단에서 배출하는 폐수로 악취가 풍겼고 오염되어 항구의 기능을 잃어가고 있었다. 한때 양식 김을 채취하고, 고기를 잡아 만선의 깃발을 세우고 포구로 돌아왔을 어선들은 폐선이 되어 태양 빛에 녹슬어 가고 있었다. 무력해진 포구를 바라보면서 마음이 선득하니 시렸다.

지워진 듯 잊고 있었던 장림포구가 완전히 다른 모습으로 변신하였다. 공단에서 흘러나오는 폐수를 잘 정화하고 주변을 개발하여 독특하고 이국적인 풍경으로 탈바꿈시킨 것이다. 사하구가 공단의 기계 소리가 덜컹거리는 딱딱한 지역만이 아니라는 것을 알게 되었다.

평소에는 화려하게 색감을 드러내는 원색은 별 관심을 두지 않는다. 부네치아란 이름을 달고 있어서일까. 외면했던 원색들이 이곳에서만은 선명한 색들과 어우러지니 다정하고 고운 빛으로 다가온다. 시력의 조화일까. 마음의 변화일까. 예전에 느껴보지 못했던 감정이다. 사람이 나이가 들면 화려한 색에 먼저 눈길이 가게 된다는데, 무거웠던 삶의 틀을 벗어났다는 의미인지 모르겠다.

화가인 남편은 원색 물감을 그대로 붓질한 적이 없다. 여러 가지 물감을 섞어 신만의 오묘한 색감으로 덧칠하였다. 내 속에도 내색하지 못한 색들이 웅크리고 있었을까. 그렇다면 그 색은 검은색이지 싶다. 모든 색을 품어 안는 것이 검은색이니까. 평소에 남들 눈에 톡톡 튀는 원색 옷을 꺼려한다. 간혹 오방색을 볼라치면 눈길을 그리 오래 두지 않았다. 별 관심을 두지 않았다는 게 맞을지도 모른다.

옷장에 걸려 있는 옷들도 하나같은 어두운색이다. 폐수로 오염되었던 장림포구가 원색의 풍경으로 변신했듯이 이제 내 안의 빨간 노란 초록 파란 흰색들도 하나하나 드러내어 볼 일이다. 여태껏 어둡기만 했던 옷장에도 사이사이 밝은색 옷들을 걸어두고 싶다. 나의 변신을 바라보는 이들의 눈빛도 놀라며 환하게 미소를 짓지 싶다. 그늘졌던 삶을 떠나 때로는 강렬하게 표출하며 살아내야겠다. 오방색을 펼쳐내는 부네치아처럼.

바람 끝이 매서운 계절 탓인지 찾아온 발길은 나뿐이다. 하지만 오색으로 단장된 부네치아는 쓸쓸하지도, 삭막하지도 않다. 홀로 거닐고 있는 나 역시 부네치아에서는 외롭지 않다. 처음으로 빠져든 오방색은 저마다 색들로 서로를 배려하며 어우러져 화려한 빛을 발한다. 누구라도 이곳에 선다면 거부할 수 없는 풍광이 눈길을 빼앗는다. 오색으로 색감을 드러내는 유일한 풍경이라서 더 그럴 것이다.

  파란 하늘 아래 포구는 잔잔한 물살로 푸르게 일렁인다. 해외여행을 원했던 자에게 주어진 선물 같은 것. 착각이라도 좋다. 밝고 맑은 삶을 원한다면 그런 곳과 비슷한 것을 찾으면 그것이 내가 누리게 되는 행복이다. 먼 곳 베네치아를 꿈꾸었던 내 앞에 알록달록 현란한 부네치아가 나를 홀린다. 낙동강 물길 따라 부네치아에 오길 잘했지 싶다.

아들과 걷는 길

 아들이 종강을 앞둔 즘이다. 여행 일정 동안 변덕스러운 제주도 날씨를 확인하고 비행기 표 예매를 알려준다. 불면증으로 꼬박 날밤을 새우는 최여사를 위해 편안한 수면에 들 수 있는 호텔까지 예약해 두었단다. 세상에 이런 아들 쉽지 않다며 너스레를 떤다.
 폭우가 할퀴고 간 자리에 폭염이 더한 기세를 부린다. 연일 태울 듯 내리쬐는 쨍쨍한 볕살에 슬쩍 주눅이 든다. 우리가 불볕더위에 한두 번 걸었던 것도 아니지 않느냐는 아들의 말에 군말이 필요하지 않았다. 하기야 제주도 올레길은 떠올리기만 해도 가슴속에 시원한 바람이 스친다.
 마침 서귀포 도심을 지르는 3개의 코스, 하영올레길이 만들어졌다고 한다. 그 길을 걸어보기로 했다. 코스가 짧으니 부지런히 걷는다면 하루만에 3코스 완주는 가능하겠다.

코스마다 시작과 끝 지점인 서귀포 청사에서 스탬프를 찍고 발길을 내딛는다. 한더위 땡볕이 차단된 울창하고 촉촉한 숲속 '태평근린공원'으로 들어선다. 계절의 색을 한껏 머금은 햇살에 되비친 초록 잎이 눈부시다. 서귀포에 바다만 있는 것이 아니었다. 용천수가 흐르는 정모시 계곡물이 천지연폭포를 향해 흘러가는 소리가 우렁차다. 맑은 물이 넘쳐나는 소마다 여름을 즐기는 사람들의 목소리가 숲으로 퍼져간다. 여기저기 생명의 소리가 들리는 도심 속의 별천지다. 싱그러운 숲 향과 청아한 물소리에 달고 왔던 앙금 졌던 마음이 사라지고 머릿속에 복작이던 생각들이 지워진다.

웅장한 새연교를 건너 새섬에 들어선다. 바다 곁을 걷는 고즈넉한 둘레길이 새롭다. 아들이 아니라면 어찌 올 수도 볼 수도 없는 곳. 나에게 주어진 귀하고 소중한 시간임이 틀림없다. 느지막이 아들과 걷다 보니 하영올레 코스가 마치 '삼종지도三從之道'에서 마지막 세 번째 길의 의미를 떠오르게 한다.

굳이 내 처지로 풀어보자면 나의 삼종지도란 이랬다. 세상에 태어나 겨우 몇 년이 지나 아버지는 떠났으니 첫 번째는 따를 길이 없었다. 옛말에 부모가 반복을 태워준다는 말이 있다. 즉 아버지 복을 타지 못했으니 뽀대나는 삶이란 애당초 예고된 셈이다. 결혼해서 남편이 만들어 준 두 번째 길 또한 허망했다. 찬란하게 빛났다 한순간 사라지는 무지개였다. 놓쳐버린 이 모든 것들이 나를 허탈하고 공허하게 만들었다. 그런데 삼종지도의 세 번째라 여겨지는 아들과 걷는 길에서 나는 언제나 활짝 웃는다.

현무암이 울퉁불퉁한 좁고 거친 '서복불로초공원' 외진 숲길을 걸을 때다. 어제 내렸던 비로 축축해진 길바닥에 천 원짜리 몇 장이 흐트러져 있다. 길에 떨어진 돈을 줍는다는 건 일 원짜리 동전 한 닢이라도 행운처럼 느껴지는 기분 좋은 일이다. 하지만 떨어진 돈이라도 내 돈은 아니니 얼른 다가가서 덥석 줍지는 못한다. "저기 돈이 떨어졌는데" 턱으로 위치를 가리키며 아들에게 알렸다. 들뜬 내 말에 떨어진 돈 앞에서 아들은 냉정했다. 요즘 떨어진 돈을 주우면 경찰서에 잡혀가 조사를 받게 되고 벌금까지 물어야 하니 절대로 줍지 말고 빨리 가자고 나를 다그친다. 아니, 그래도 떨어져 있는 돈인데….

잦아지는 폭우와 유별난 제주도 바람이다. 외진 길 위에 떨어진 지폐가 온전히 제자리에 있을 리 만무하다. 말끝마다 효자라 들먹이며 늘 나를 웃게 했던 아들이다. 그랬던 아들이 결국 엄마와 공범이 되지 않겠다는 확고한 자세로 멀찌감치 외면하고 섰다. 물론 파랗고 노란 지폐가 뭉치로 떨어져 있다면 교양 있는 최여사가 당연히 주인을 찾아 주려 최선을 다했을 테다. 아들도 알다시피 몇 번이나 길에서 주운 두툼한 지갑은 택시비를 지불하고라도 경찰서에 전했던 적이 어디 한두 번이던가. 이런 상황에서는 효심도 없다. 엄마가 잡혀가도 모르는 척 외면할 심사다. 괘씸하다. 제 놈이 뭐라 하든 말든 흩어진 지폐를 주섬주섬 주워 In my pocket.

만사에 야무지지 못한 허술하기만 한 나도 돈을 잃어버린 적이 한두 번이 아니다. 적은 돈이라도 잃고 나면 아쉬운 마음은 쉬 털어내지 못했다. 내가 주운 4천 원을 잃어버리고 아쉬워할 누군가를 떠올려 본다.

어제저녁 바닷가 모래밭에는 얼마 남지 않은 여름 밤바다를 즐기려는 피서객들로 인산인해를 이뤘다. 젊음의 열기로 가득하고 다양한 공연이 펼치고 있다. 그중에 특별히 드럼 연주자 앞에는 많은 관객이 몰려들어 연주 감상을 즐겼다. 케이팝 노래에 맞추어 톰톰 탄탄 쿵쿵 쨍쨍, 활기차고 신나게 두드리는 드러머의 현란한 연주 솜씨가 가슴을 뛰게 했다. 드럼연주가 이렇게 자유롭고 에너지가 넘치는 선율을 만들어내는지는 몰랐다. 느지막 여름밤의 특별한 경험이었다. 언뜻 연주자 앞에 놓였던 모금함이 떠오른다. 어차피 임자 잃은 돈이니 오늘 밤 드럼 연주자의 모금함으로 마음을 정한다. 아들이 칠색 팔색 하는 것이 아니더라도 차마 내 것으로 하는 것은 아니라는 생각이다.

마을길에 있는 마트에 들렀다. 시원한 얼음 커피 두 잔으로 흐르는 땀을 식힌다. 못 말리는 우리 최여사, 타박하며 아들이 웃는다. 앞으로 떨어진 돈이나 지갑은 절대로 줍지 말고 그대로 두라며 다시 한번 단단히 오금을 박는다.

정직하게 사는 것이 사람의 도리인 줄은 잘 알지만, 만약 결혼해서 며느리가 융통성 없는 네놈과 함께했다면 복장 좀 터졌겠다. 엄마라서 답답한 아들을 이해하고 웃고 산다. 나무라듯 타박하는 내 말에, 여태까지 나름 잘 살아왔고 이대로 가벼운 몸이 되어 자유롭게 잘 살아 낼 것이라며, 누구 복장 터질 일은 아예 없을 테니 최여사는 그만 걱정을 내려놓으란다. 내 뜻대로 할 수 없는 것이 자식 일이다. 어쨌거나 아들과 걷는 하영올레 세 번째 길에서 훗날 떠올릴 큰 웃음 하나 챙겨 다시 길을 걷는다.

자신의 길을 당당하게 살아가는 아들이 위대하다고 느끼는 것을 나는 어미로서 증명한다. 함께한 나의 모든 것들을 기억해 줄 아들이 있다는 사실에도 안도한다. 부드럽고 시원한 바람이 분다. 아들아, 활기차게 남은 길을 걸어가자. 하영올레 세 번째 길을.

■ 작가연보

경남 거제 출생
창신대학 문예창작학과 졸업

【수상/선정】
2013년 《수필과비평》지에 〈11월의 노랑나비〉 신인상
2018년 부산문화재단 창작지원금 선정
2019년 제1회 문정수필문학상 〈11월의 노랑나비〉
2019년 포항스틸에세이공모전 〈붉은 녹〉 대상
2021년 부산문화재단 창작지원금 선정
2024년 부산수필문인협회 〈두 발로 하는 기도〉 올해의 작가상
2024년 부산문화재단 창작지원금 선정
2024년 The 수필 '빛나는 수필가60' 〈궤적〉 선정
2025년 제30회 신곡문학상 본상, 수필집 《청색 머플러》

【문단활동】
부산문인협회
수필과비평작가회의
부경수필문인협회
부산수필문인협회
부산수필과비평작가회

【수필집】
2018년 수필1집 《11월의 노랑나비》
2021년 수필2집 《붉은 녹》
2024년 수필3집 《청색 머플러》
2025년 현대수필가 100인선

현대수필가 100인선 Ⅱ·65
최영애 수필선

궤적

초판인쇄 | 2025년 06월 20일
초판발행 | 2025년 06월 25일

지은이 | 최 영 애
펴낸이 | 서 정 환
펴낸곳 | 수필과비평사·좋은수필사

주　소 | 서울시 종로구 삼일대로 32길 36.
　　　　(익선동 30-6) 운현신화타워 305호
전　화 | 02)3675-5635, 063)275-4000
등　록 | 제300-2013-133호
홈페이지 | http://www.shinapub.com
e-mail | essay321@hanmail.net

값 10,000원

ISBN 979-11-5933-586-0　04810
ISBN 979-11-85796-15-4　(전 100권)

* 저자와 협의하여 인지는 생략합니다.
* 잘못된 책은 바꿔 드립니다.